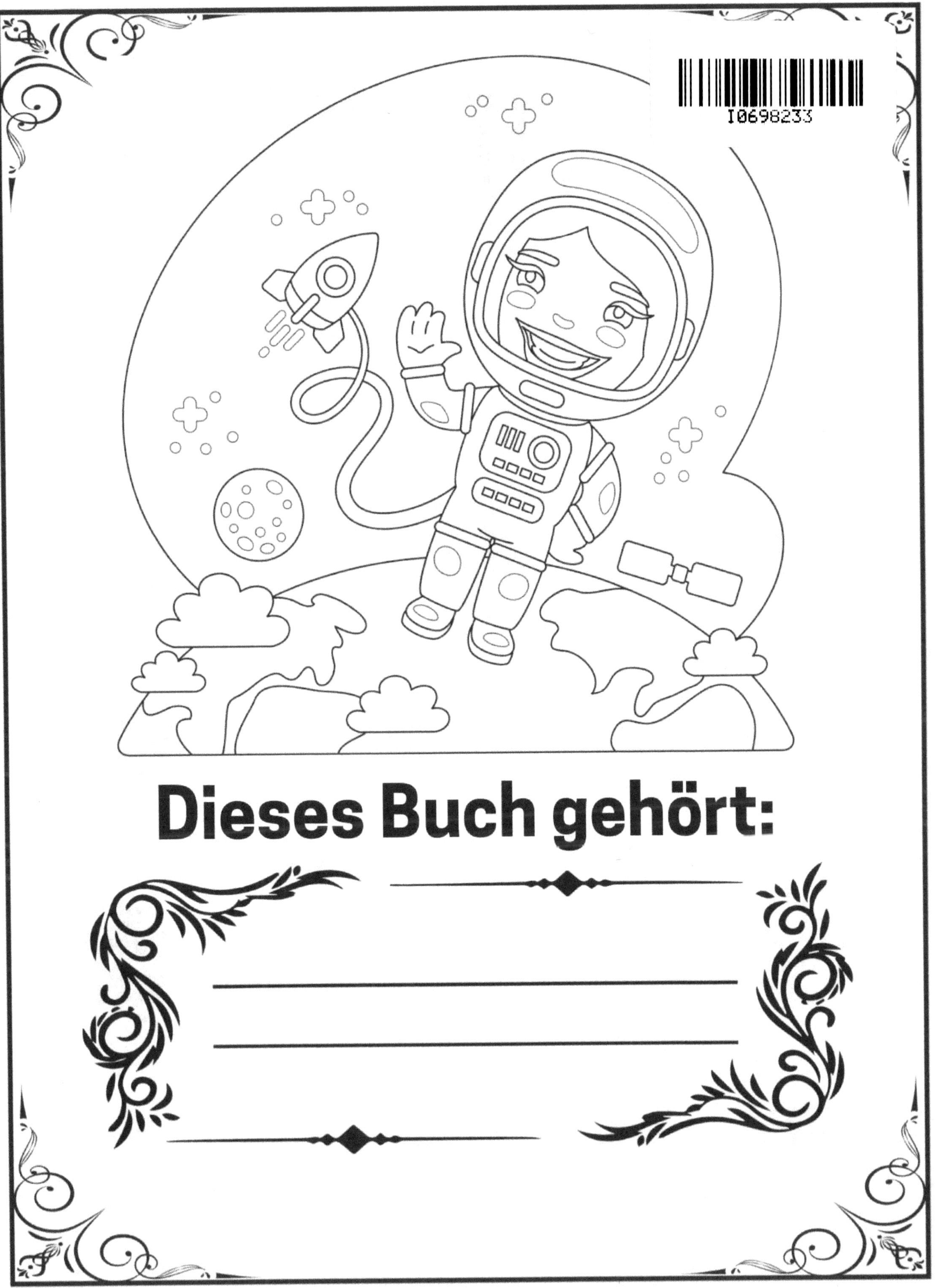

Dieses Buch gehört:

VORSCHAUSEITEN

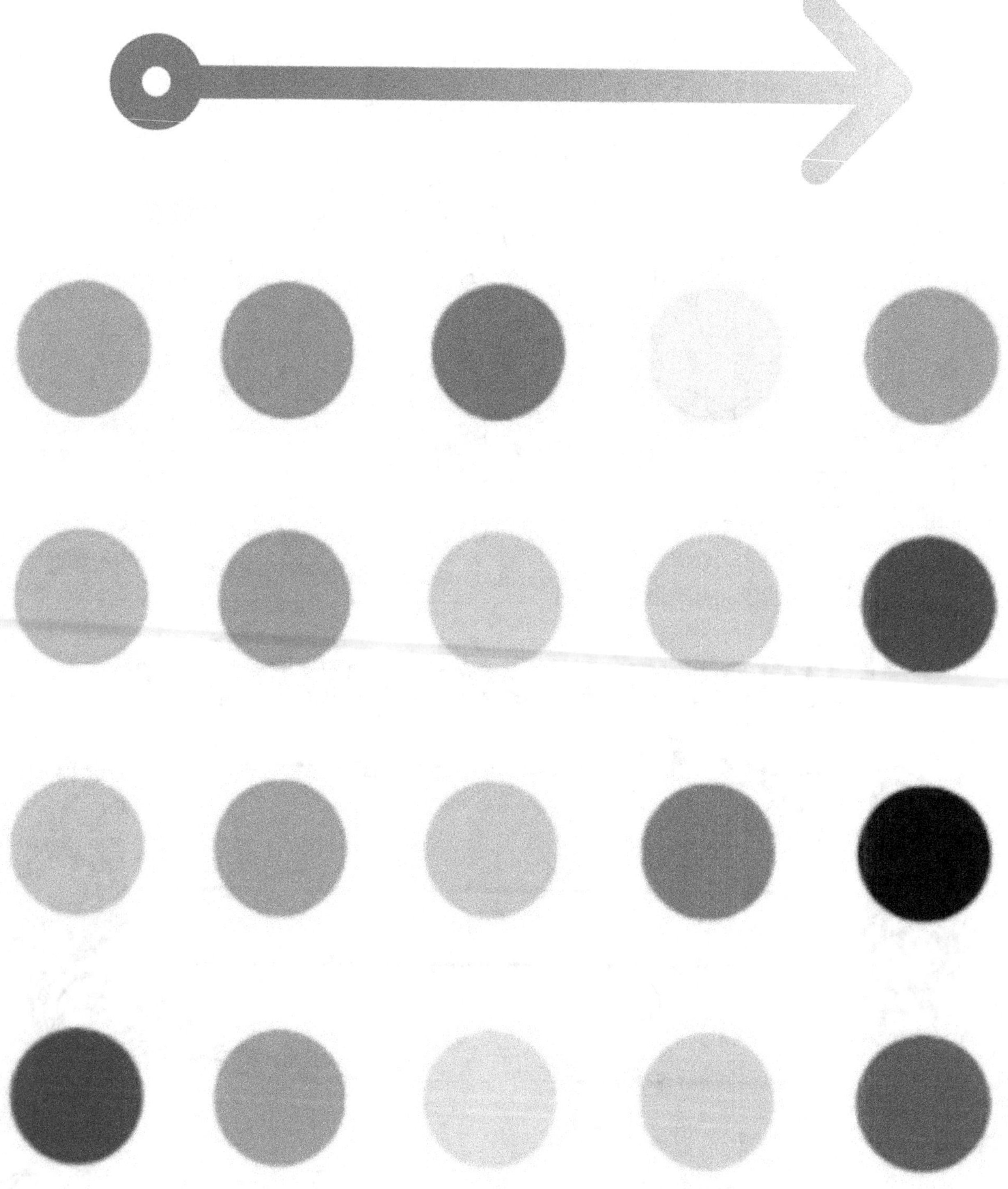

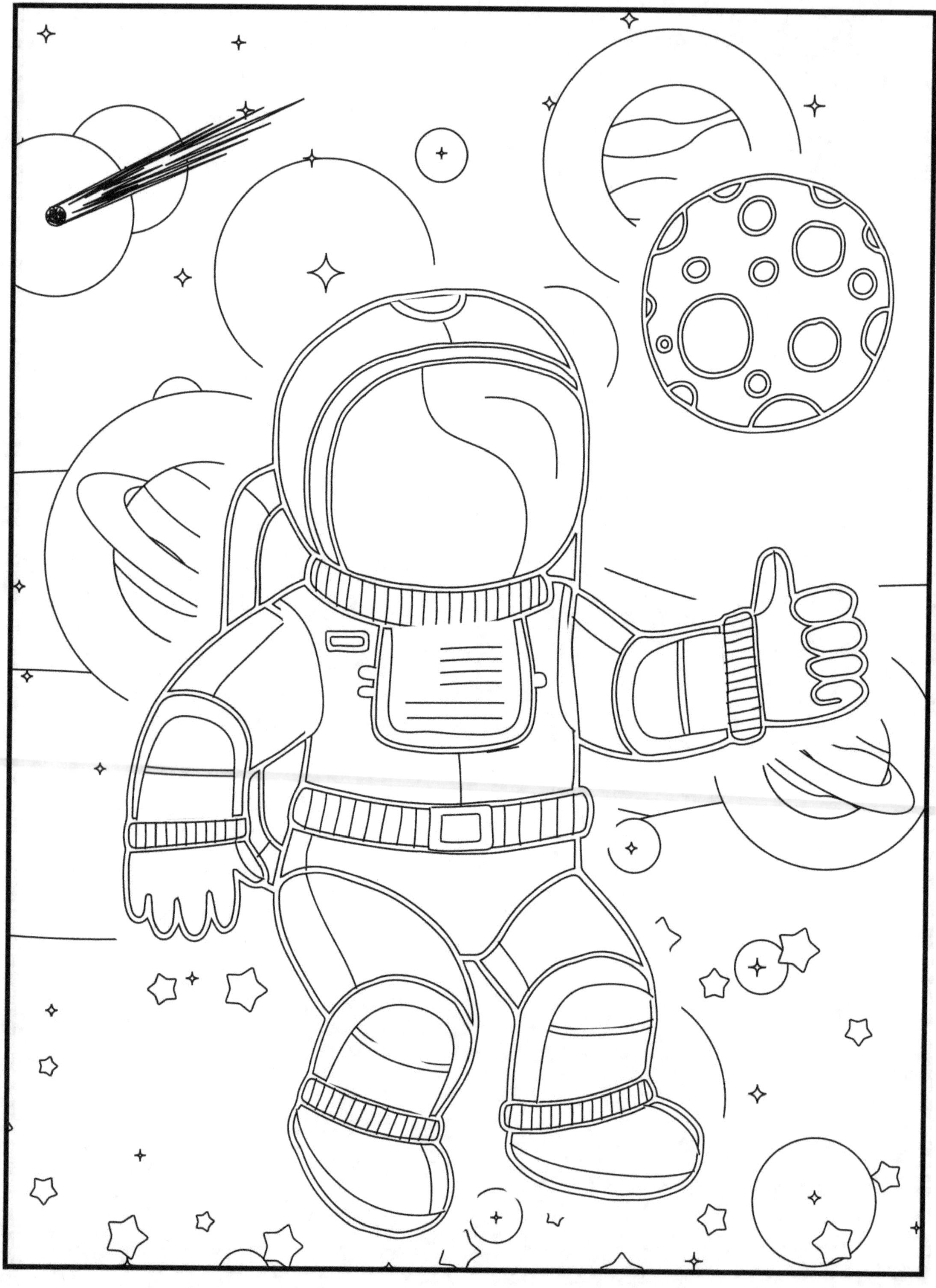

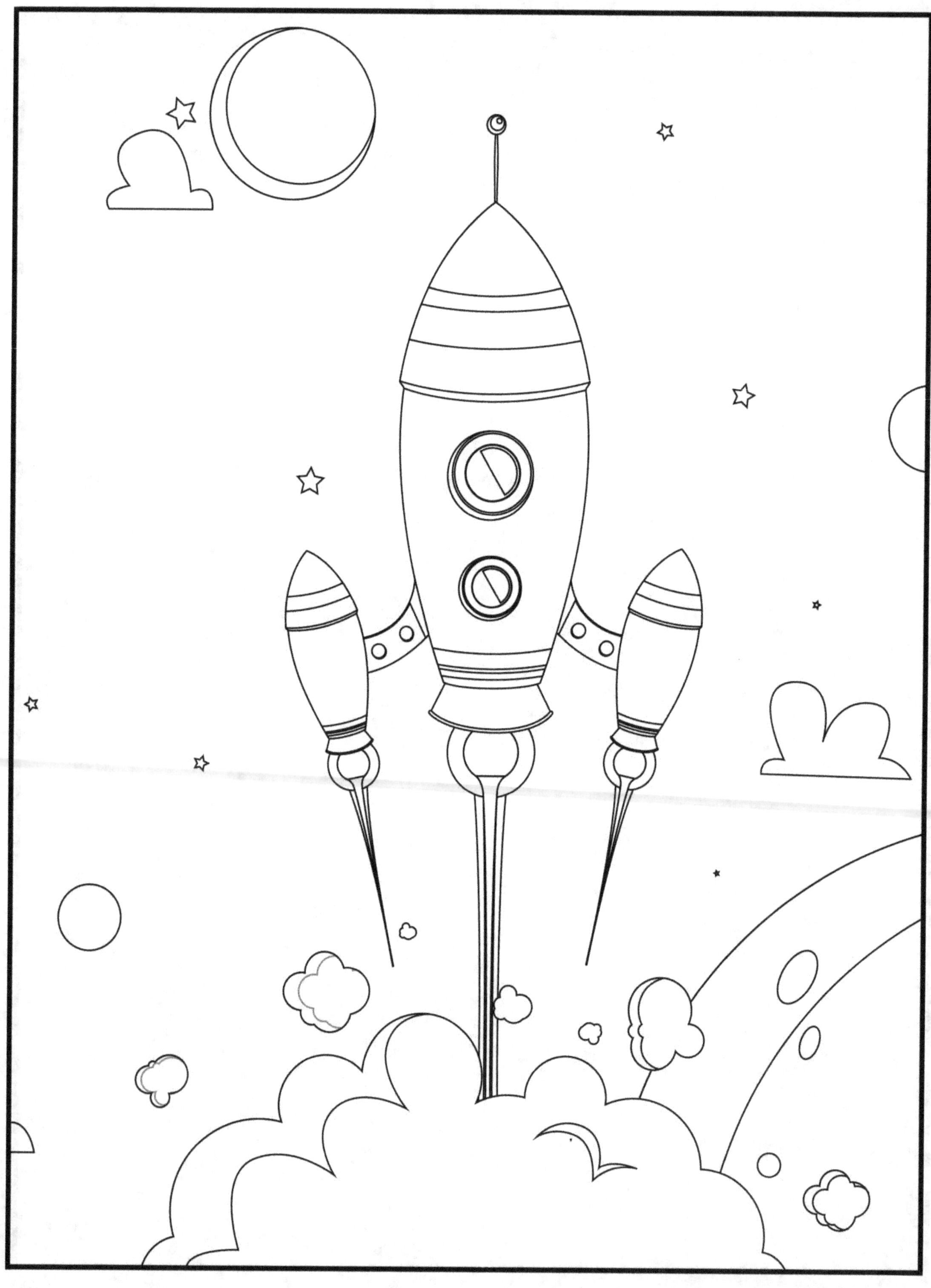

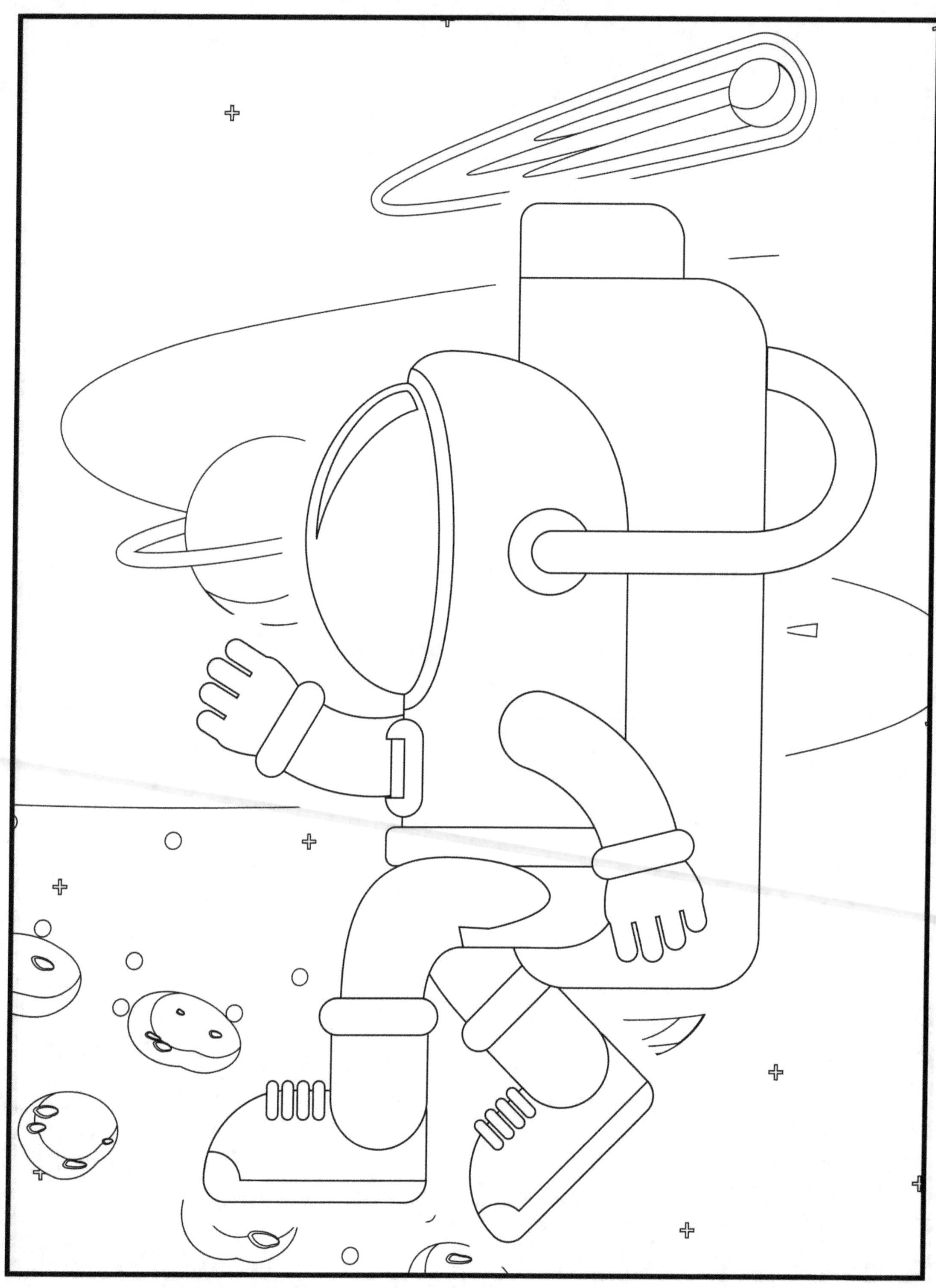

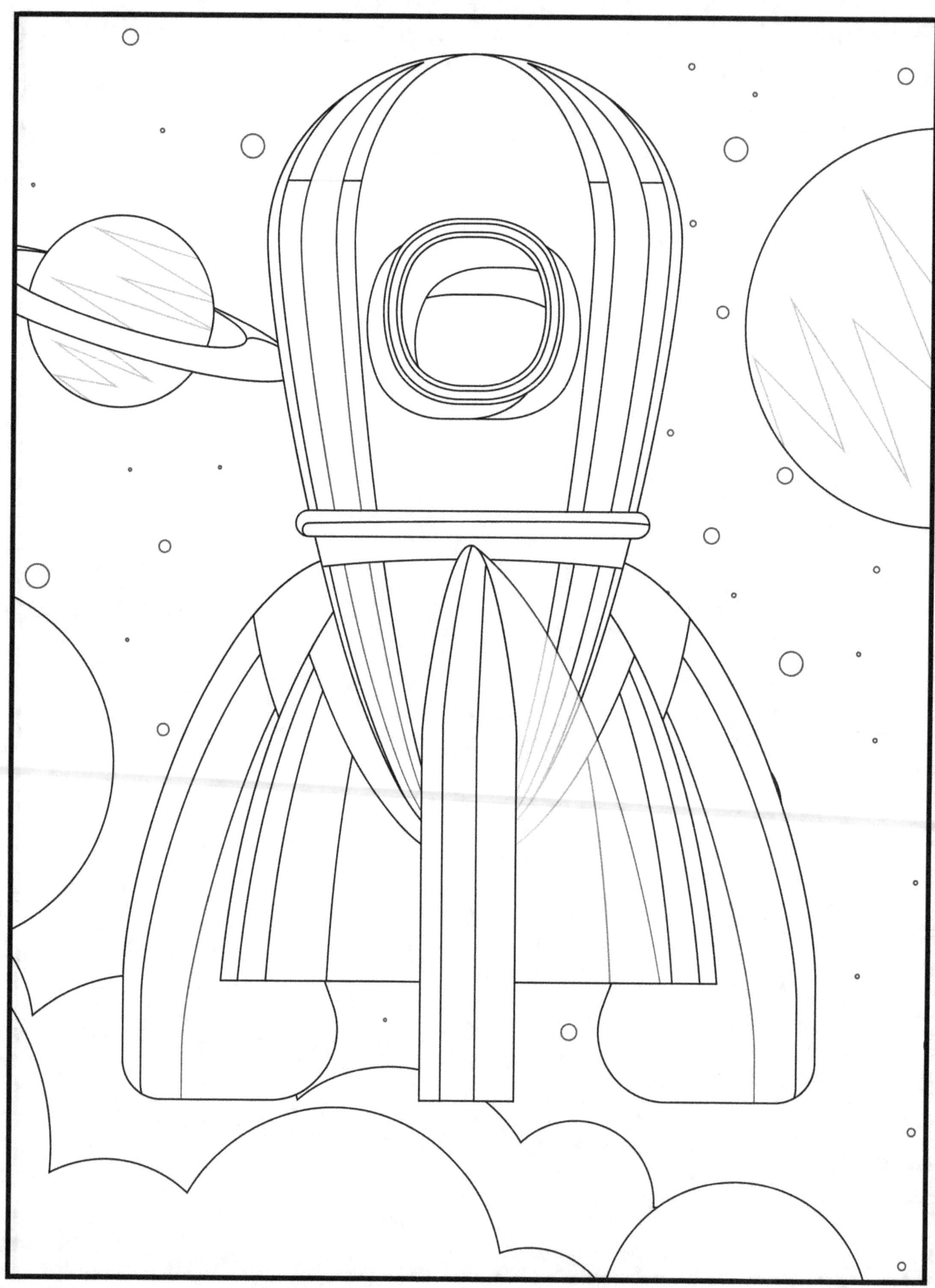

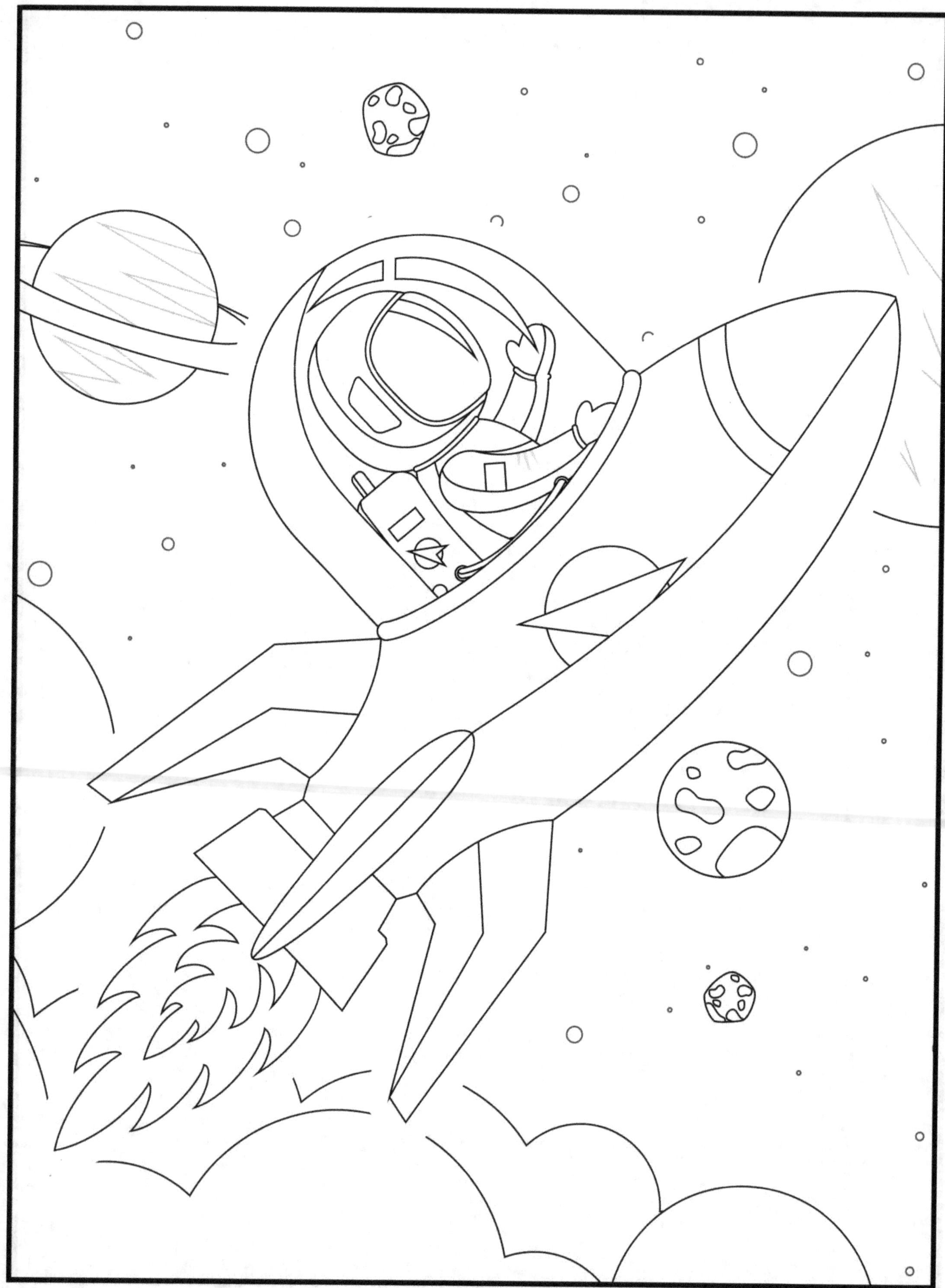

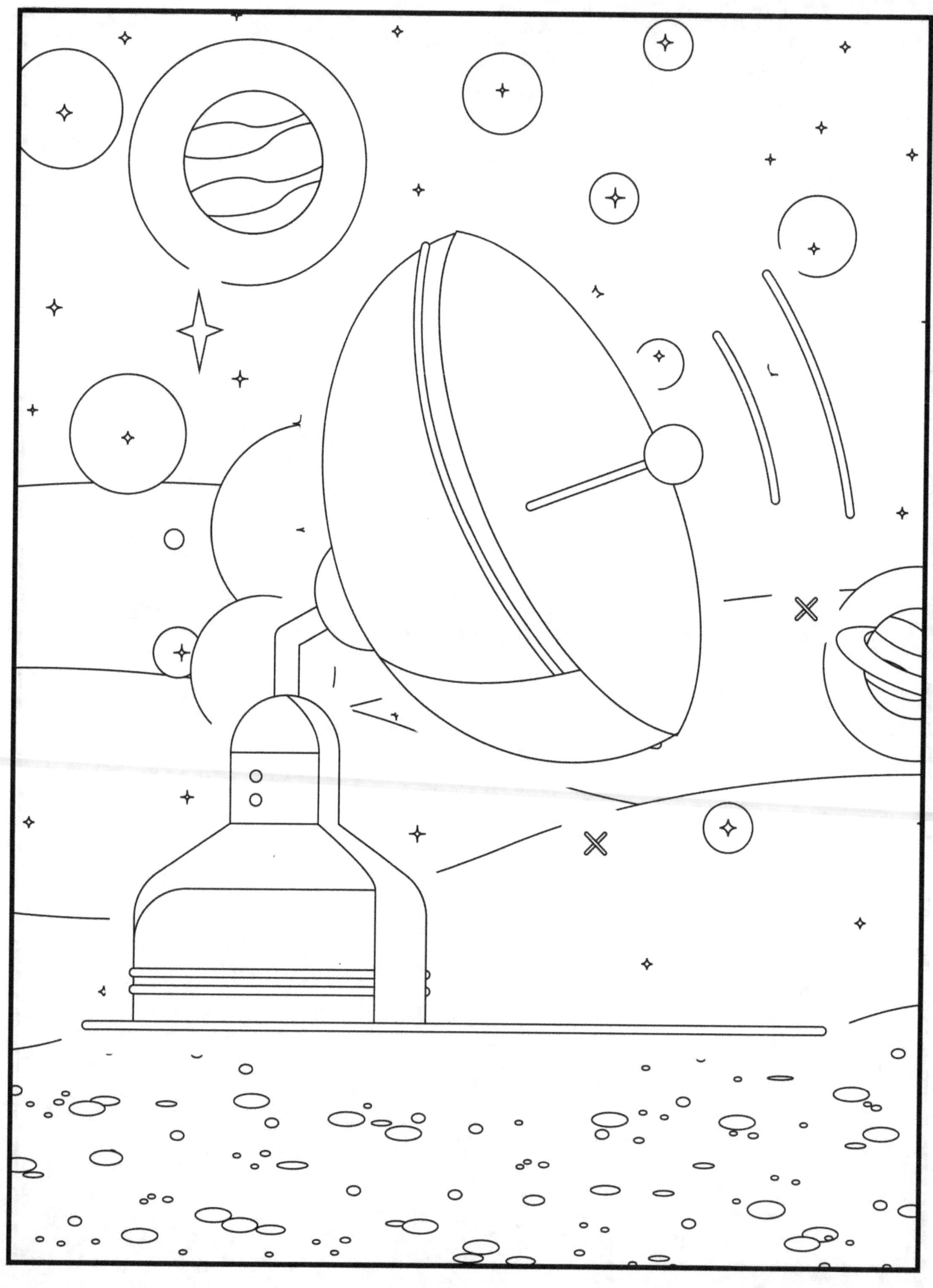

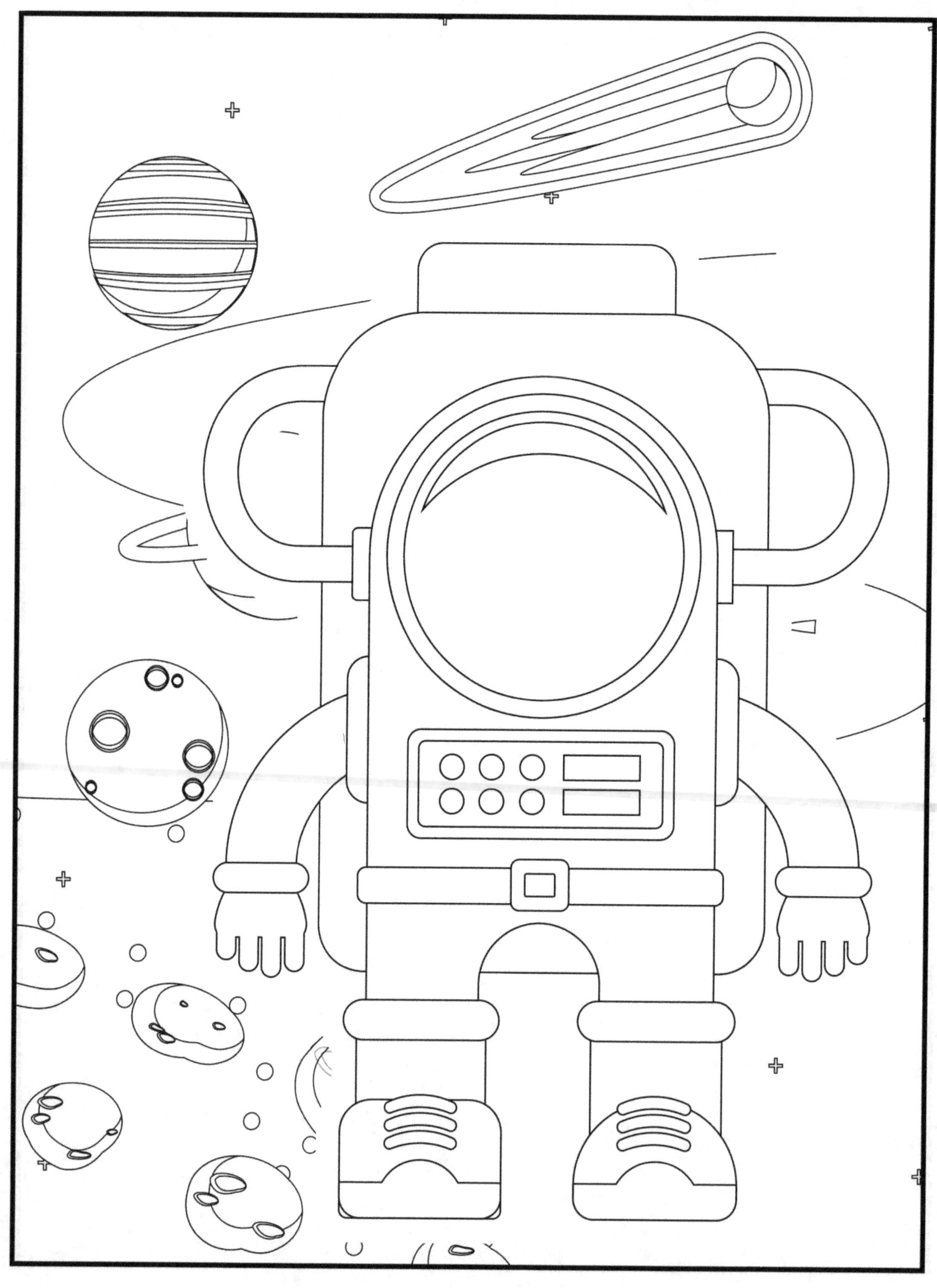

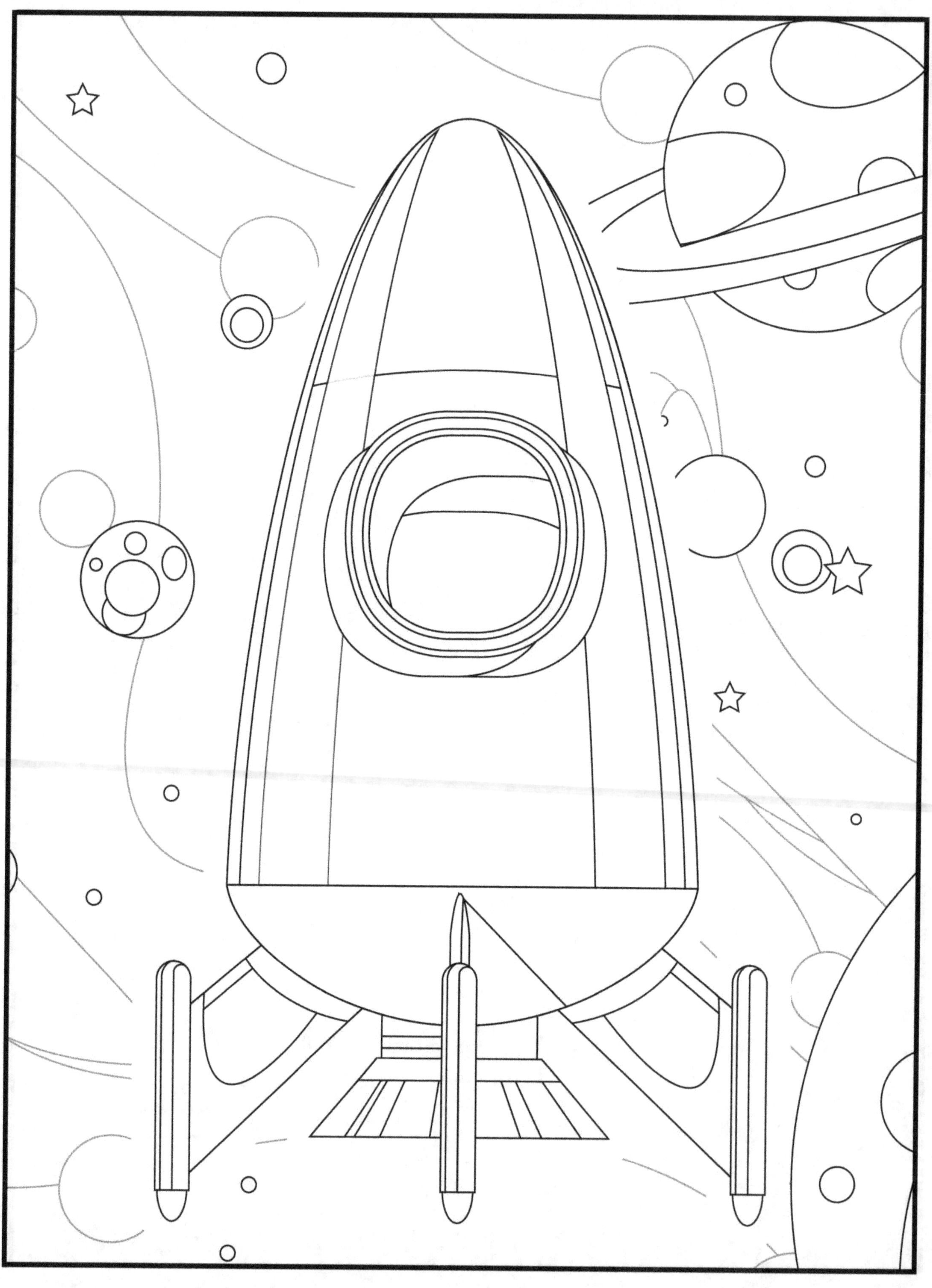

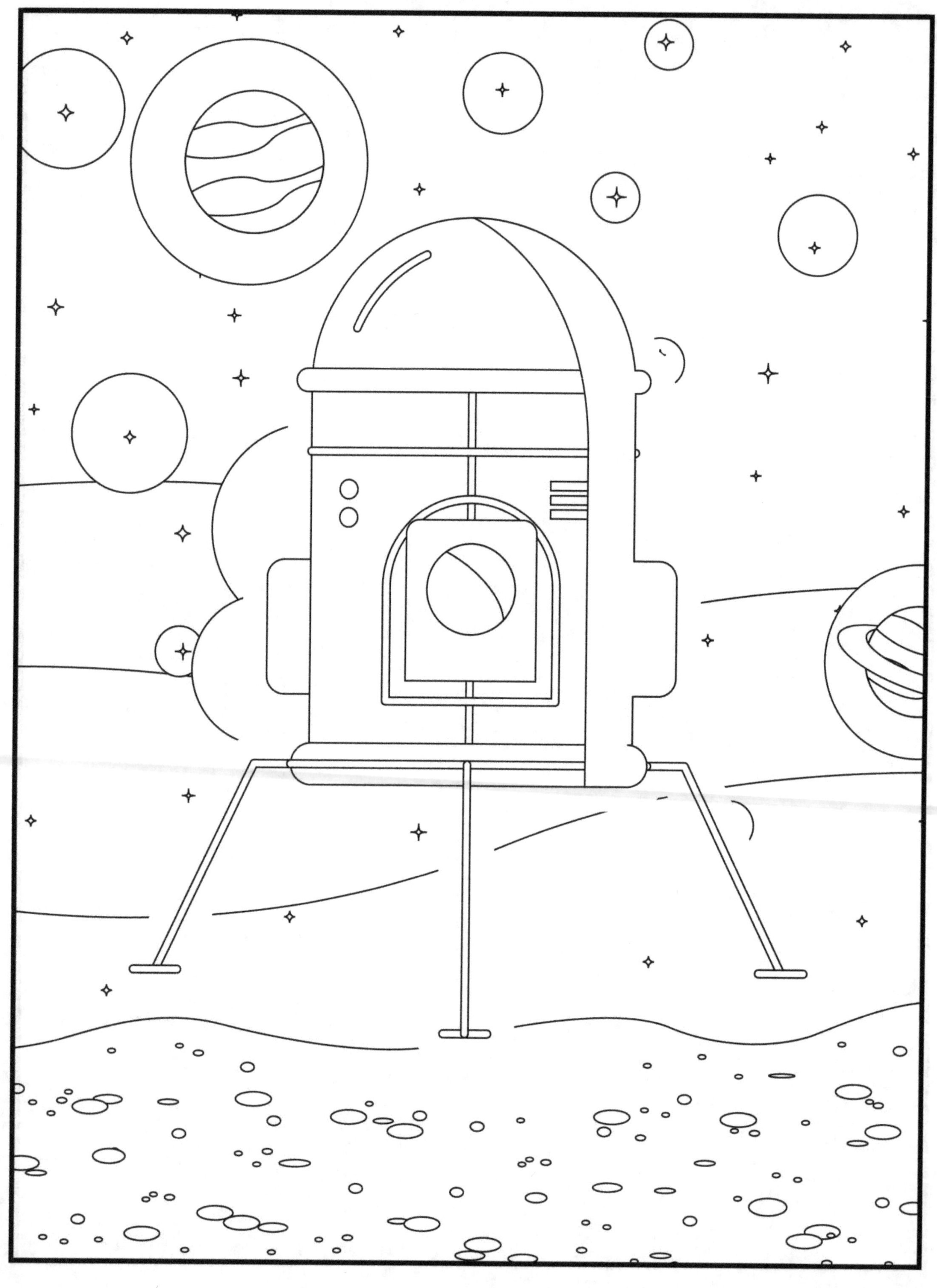

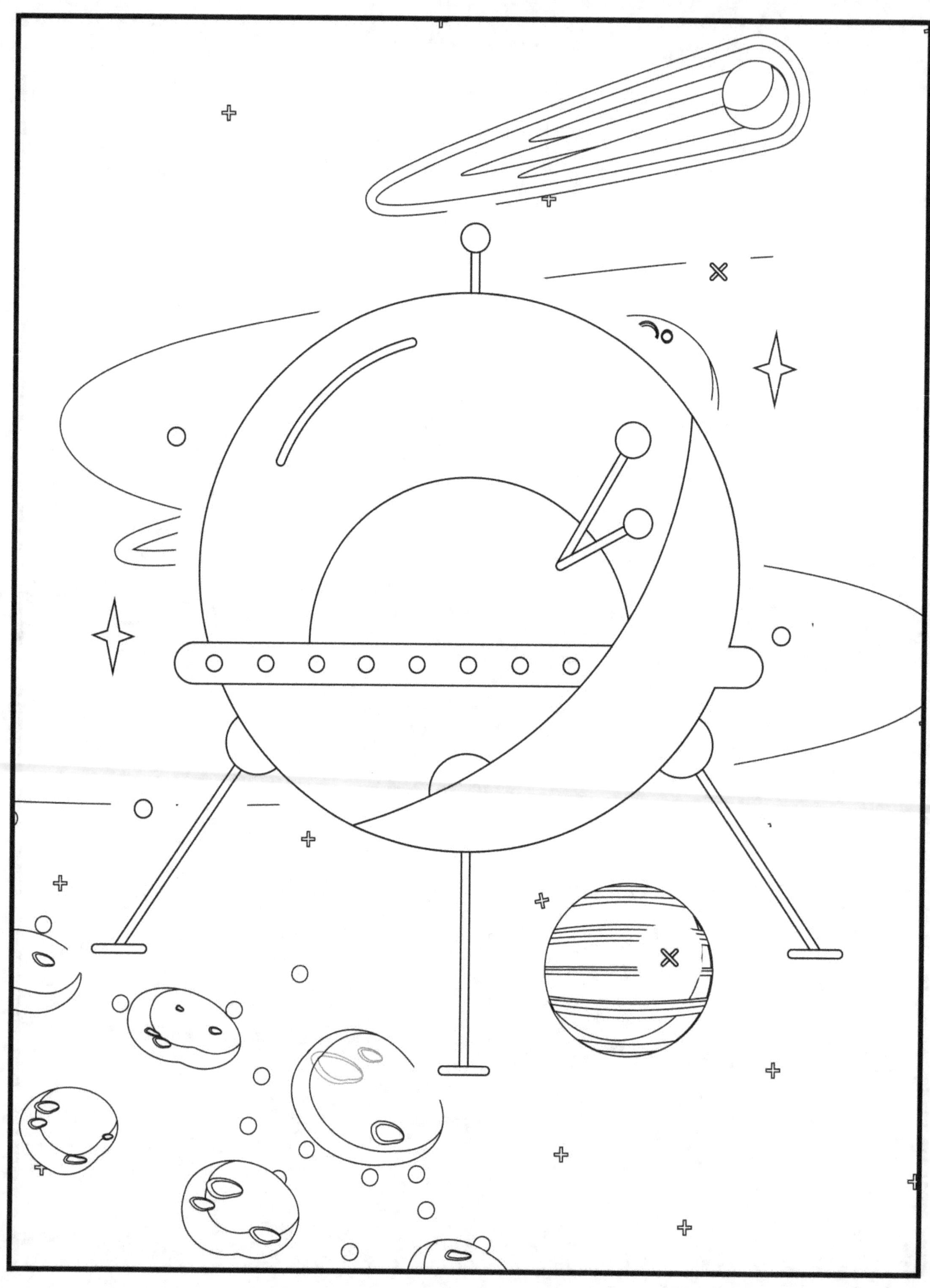

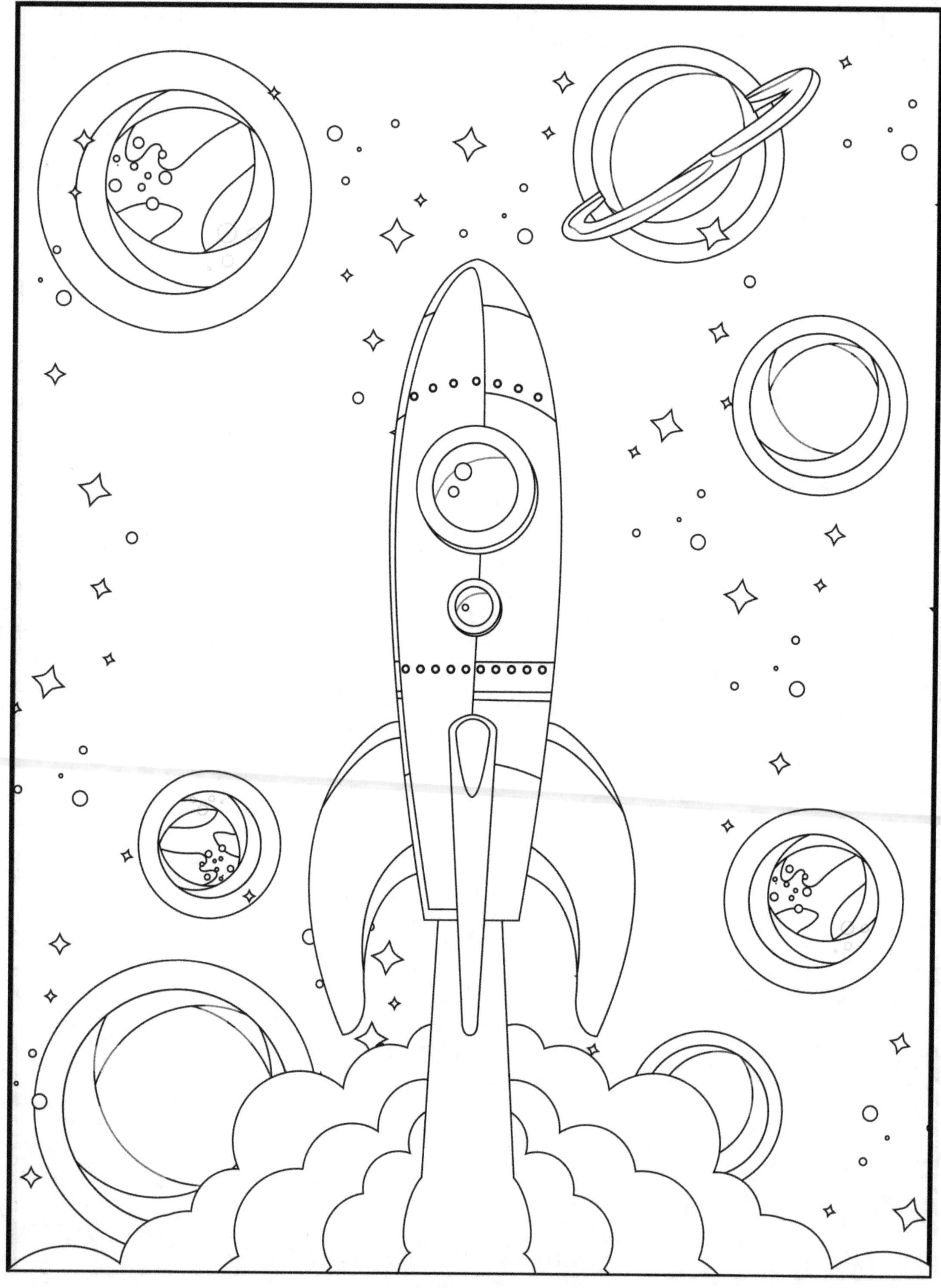

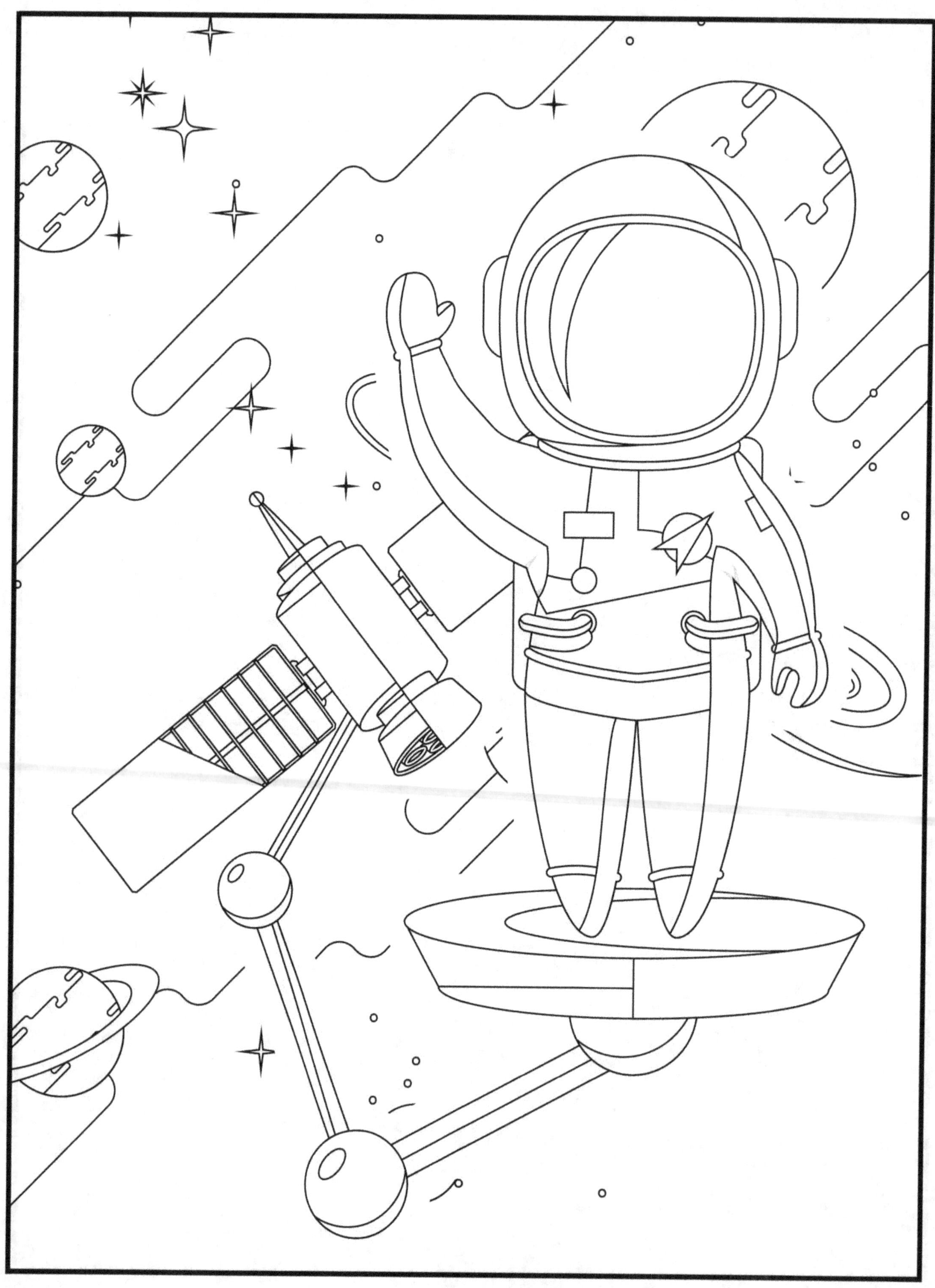

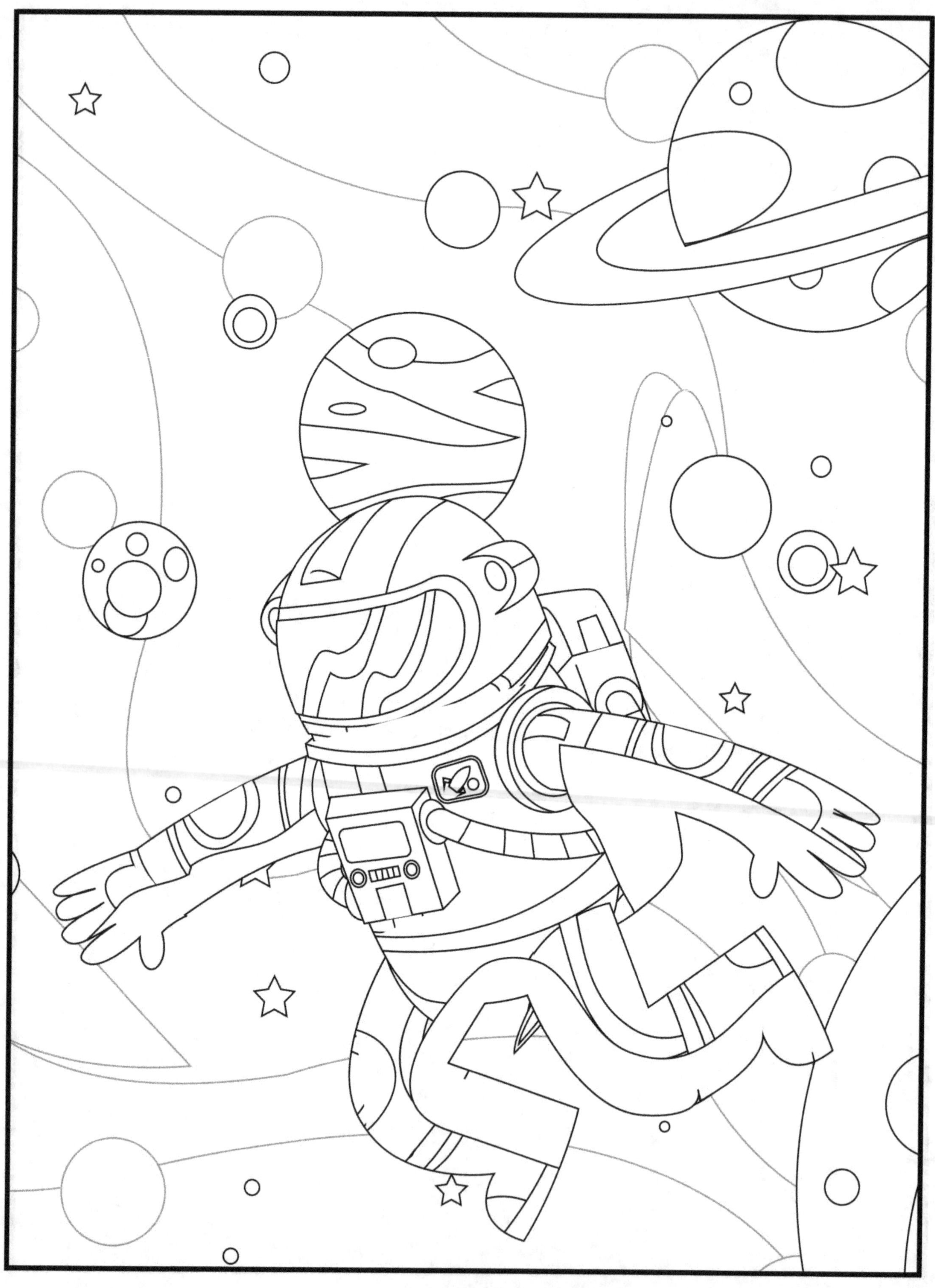

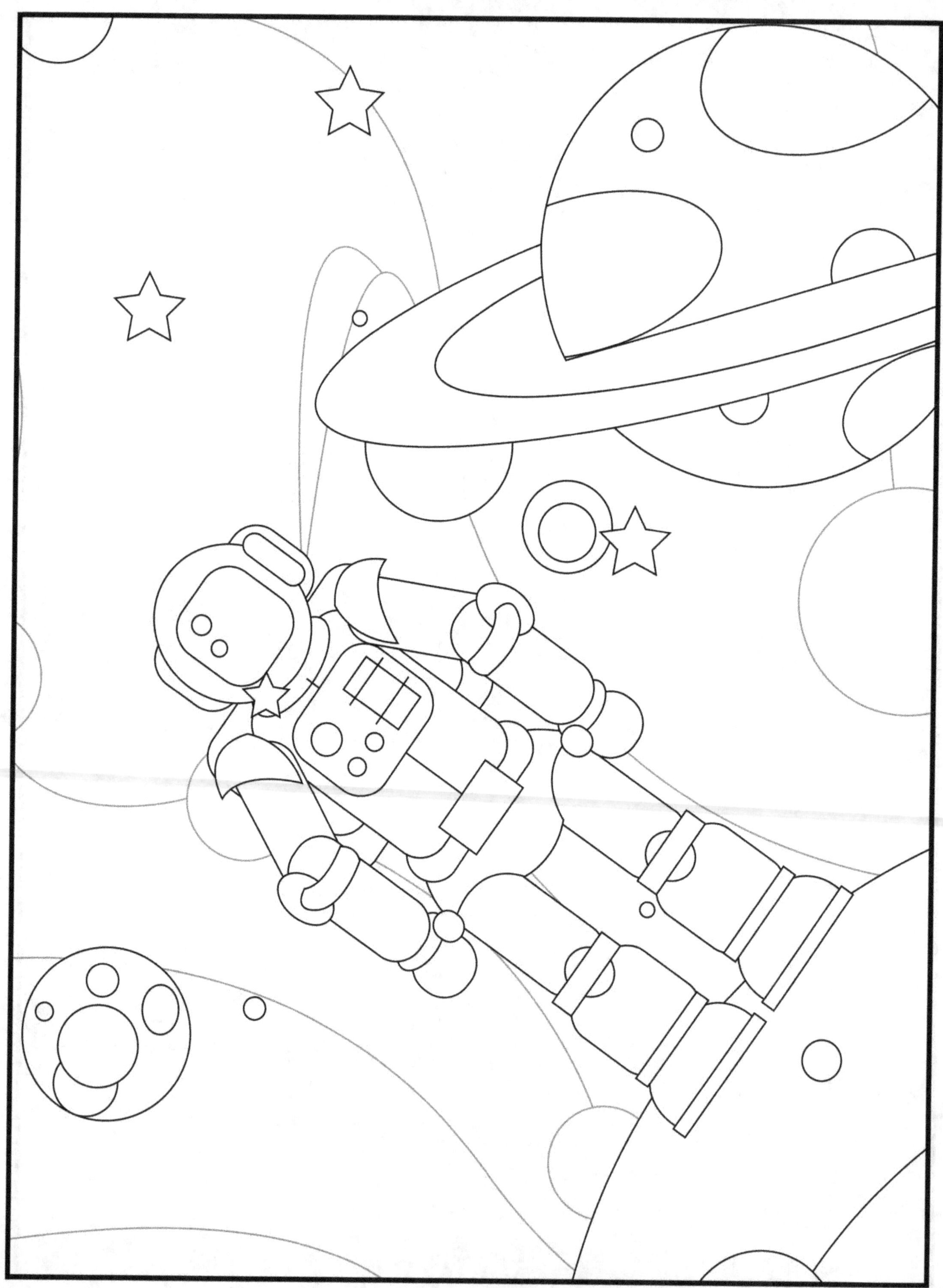

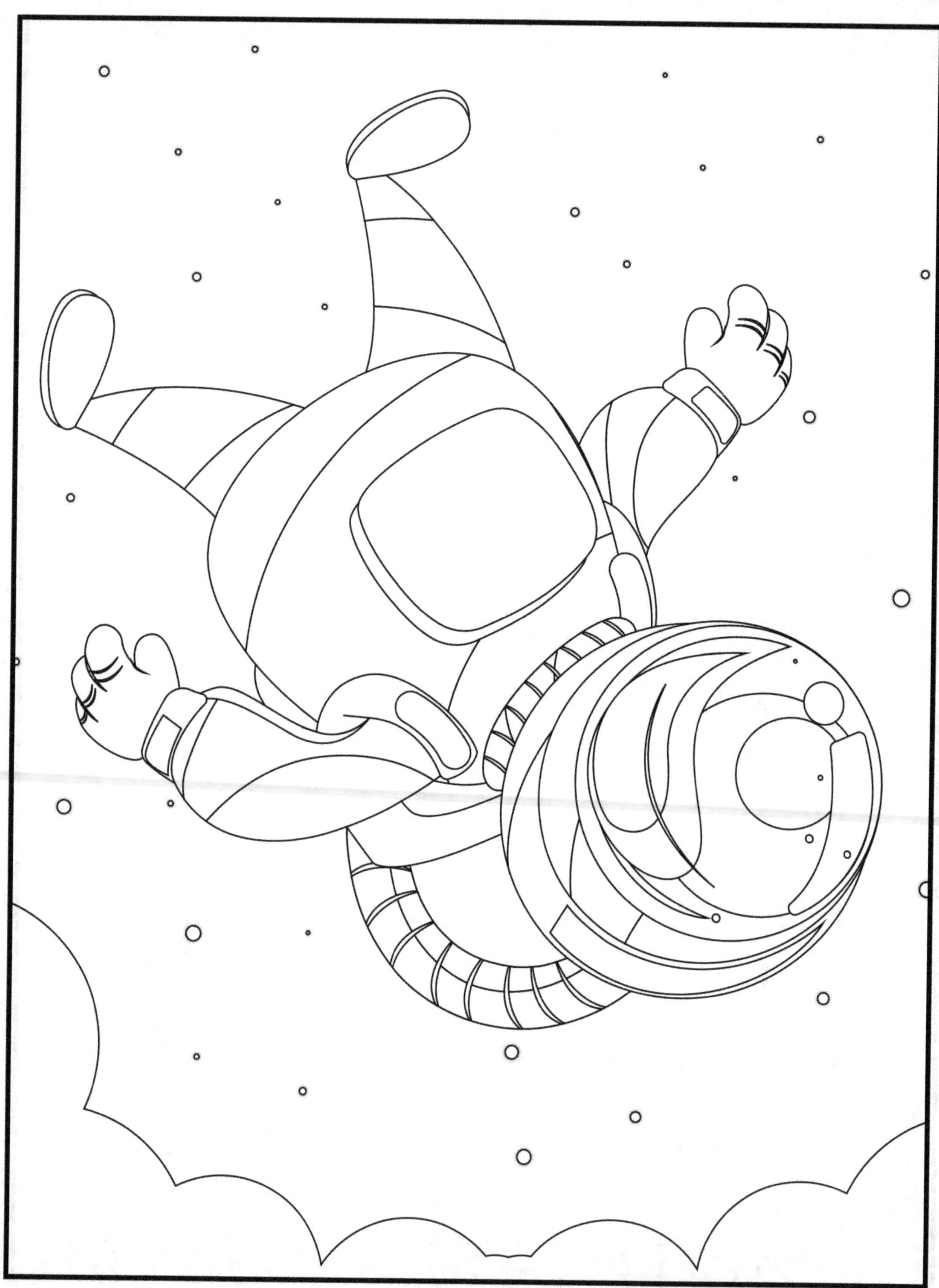

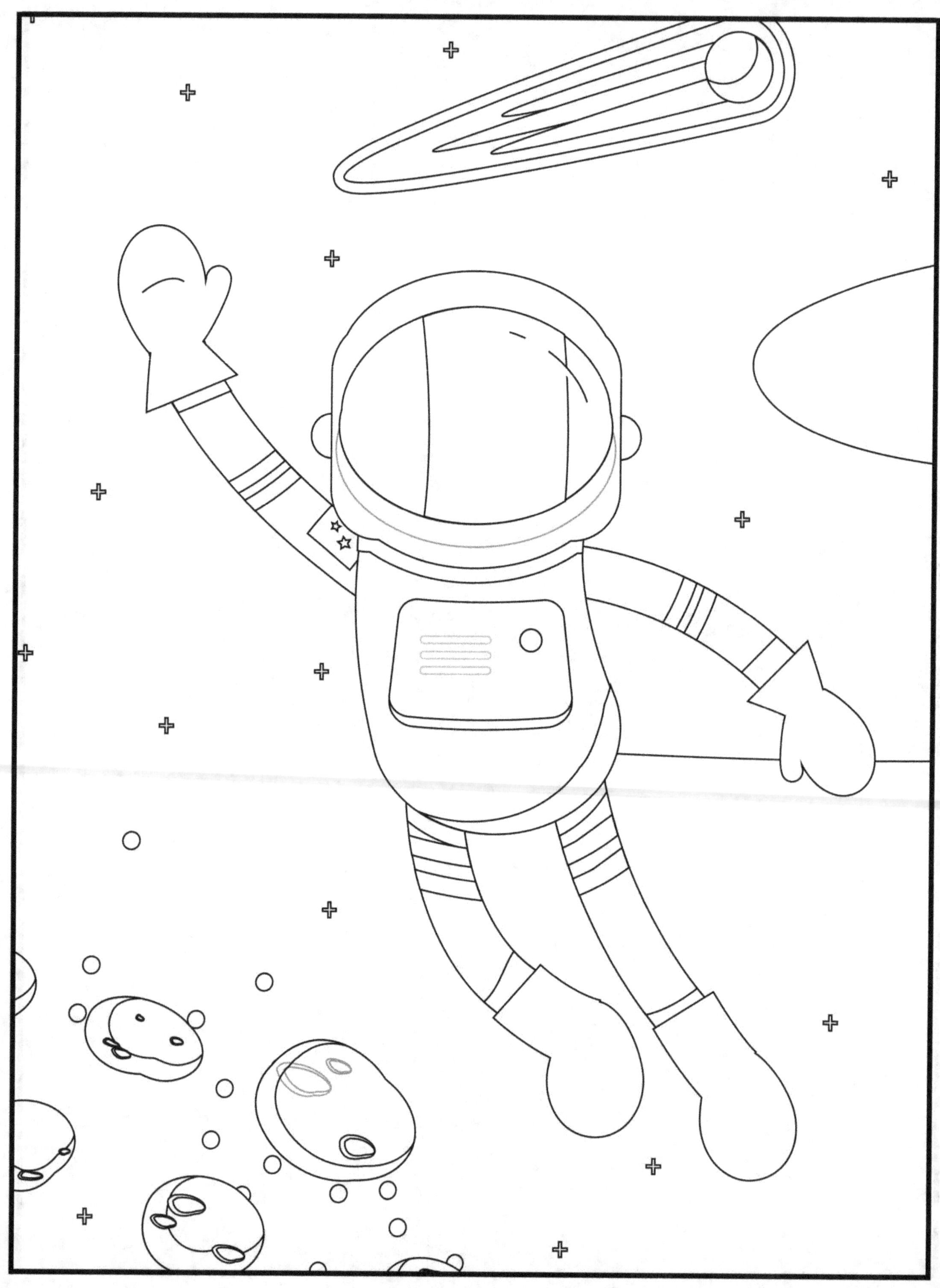

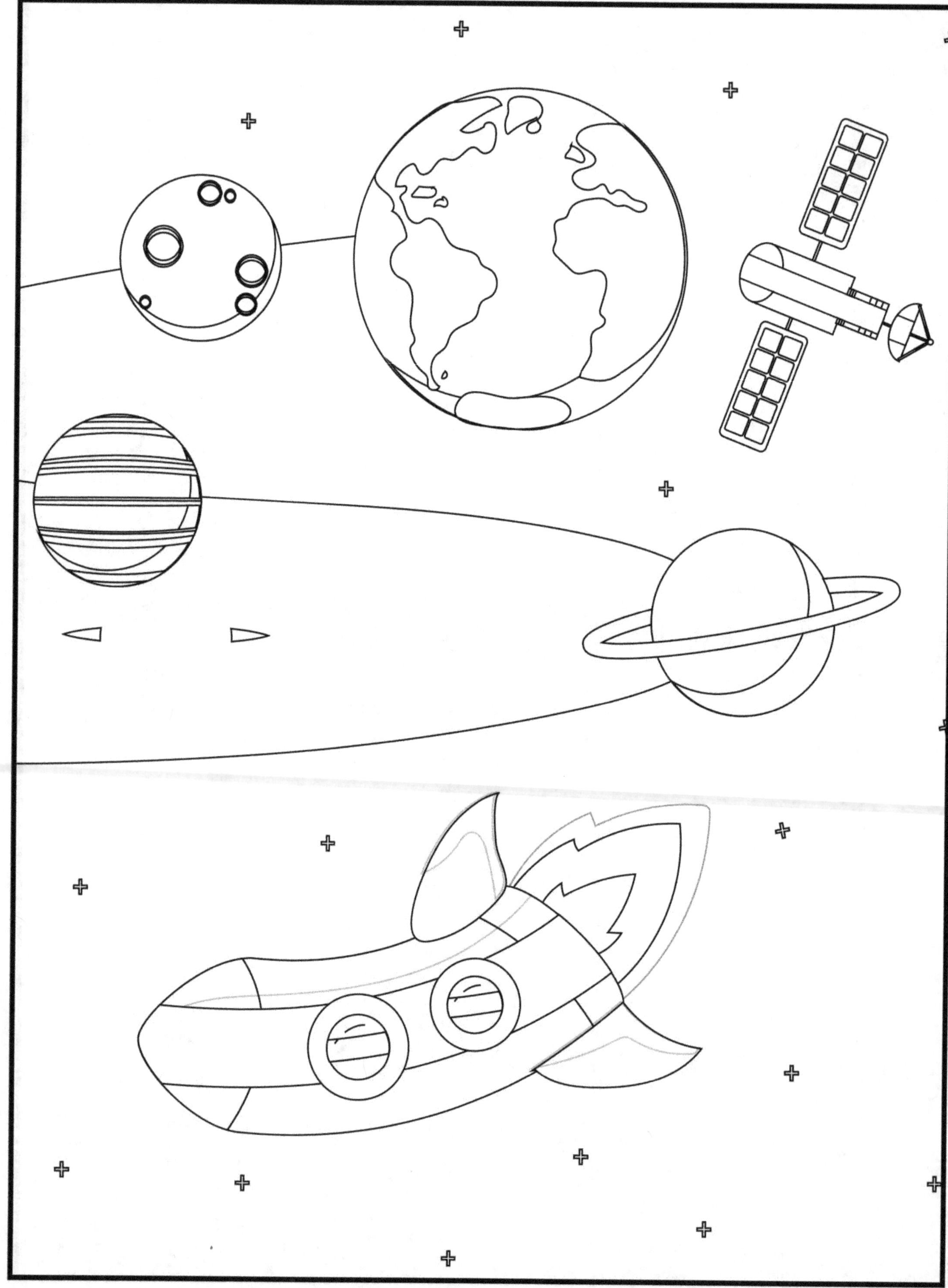

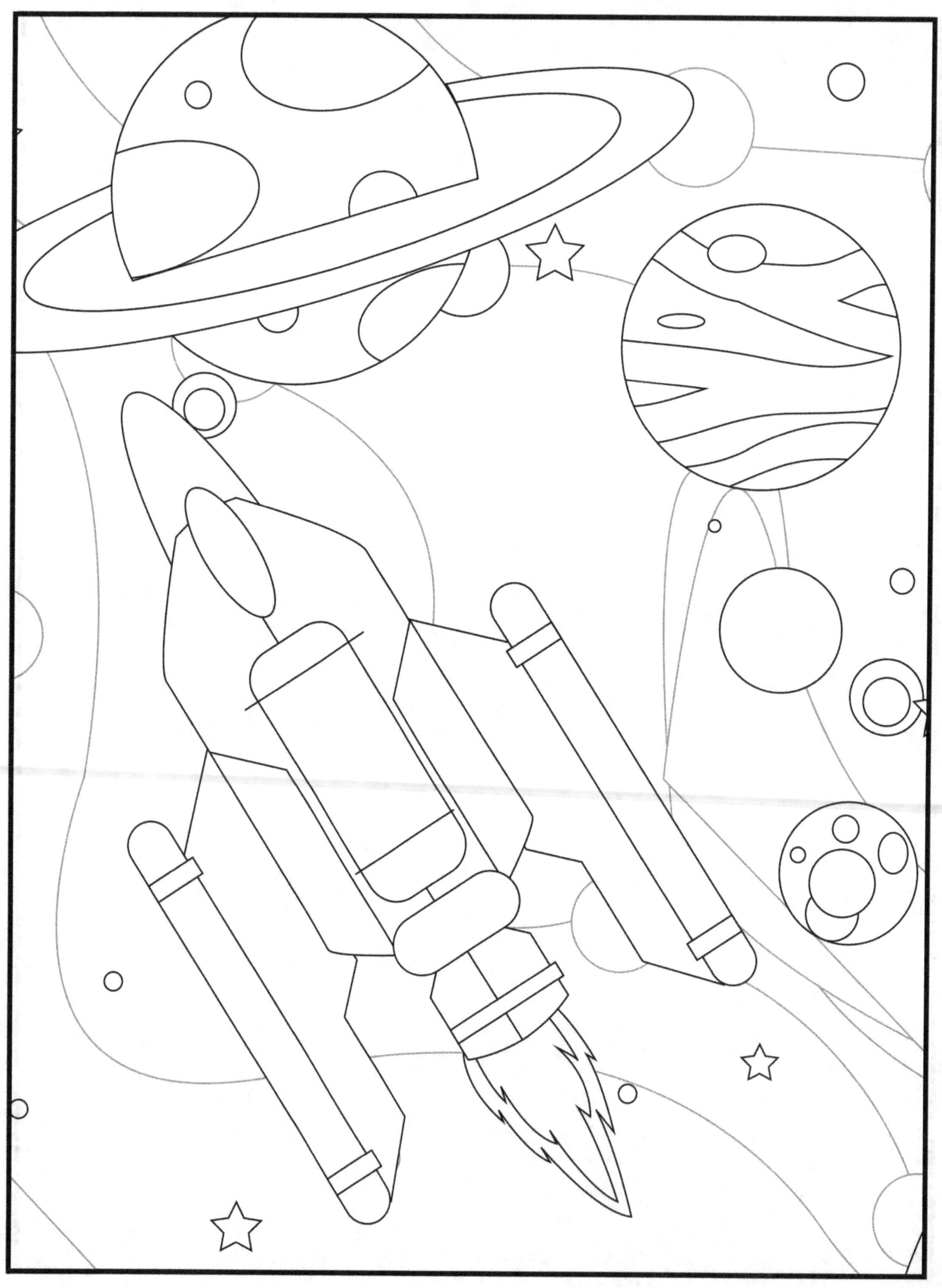

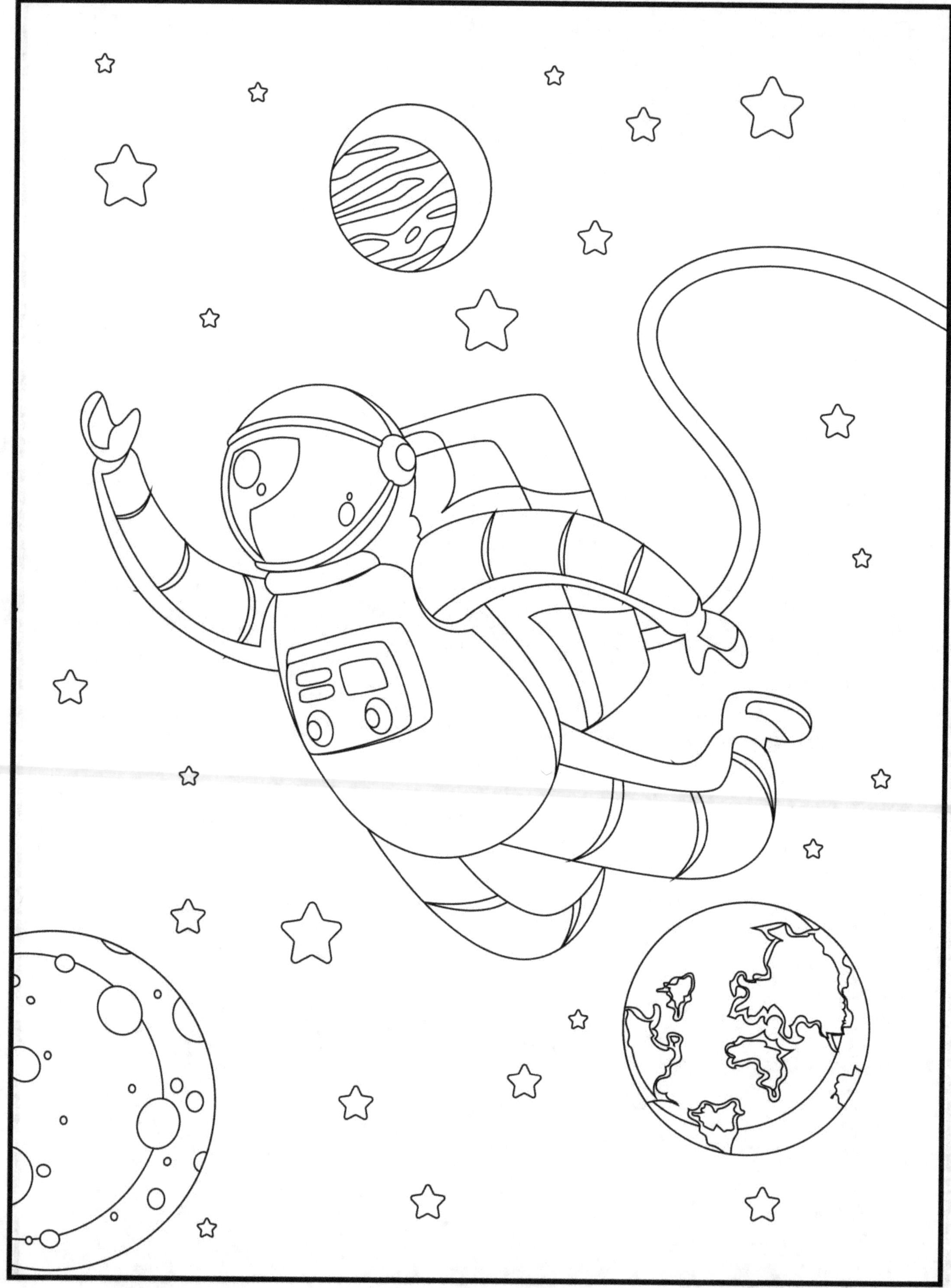

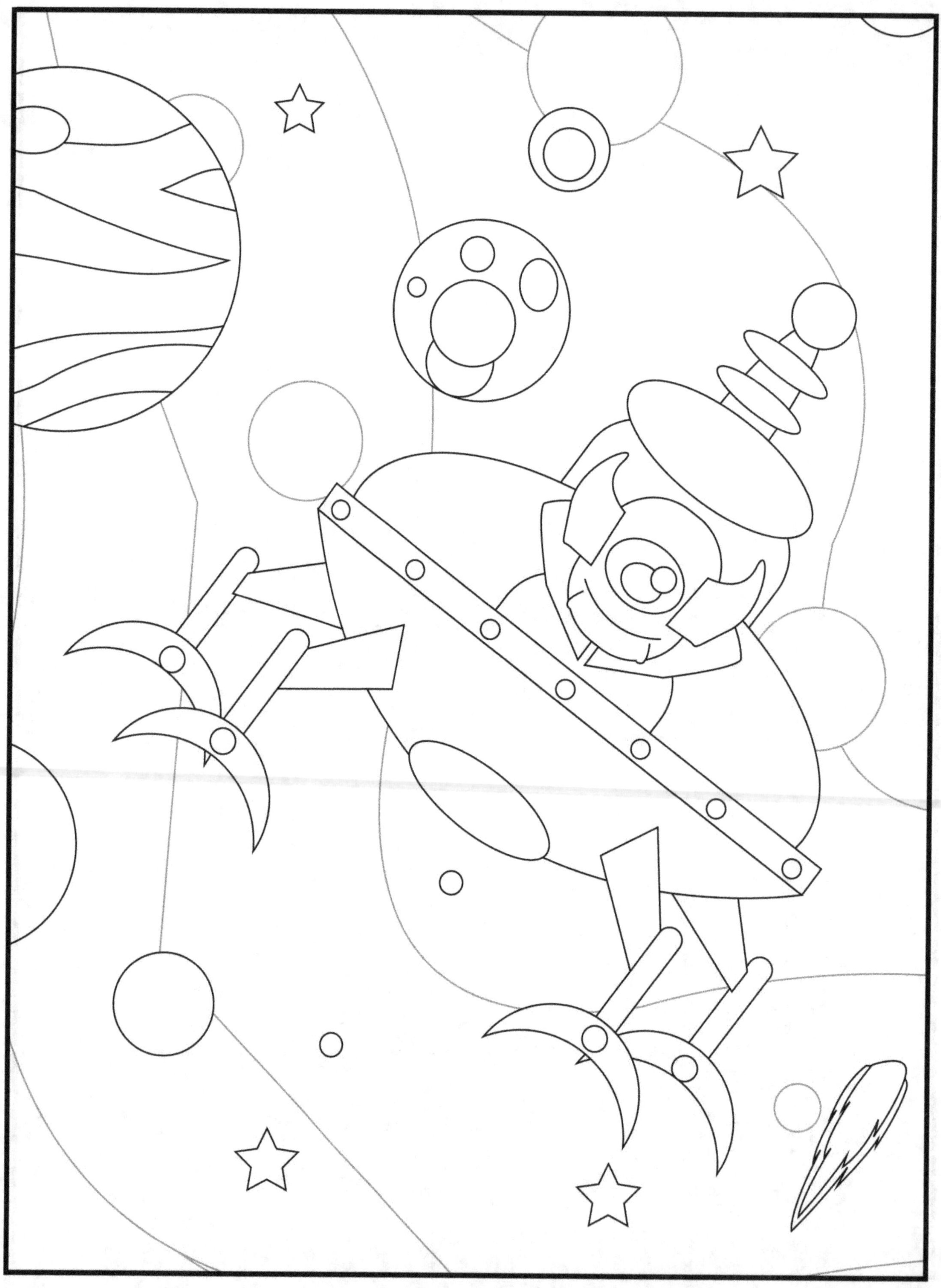

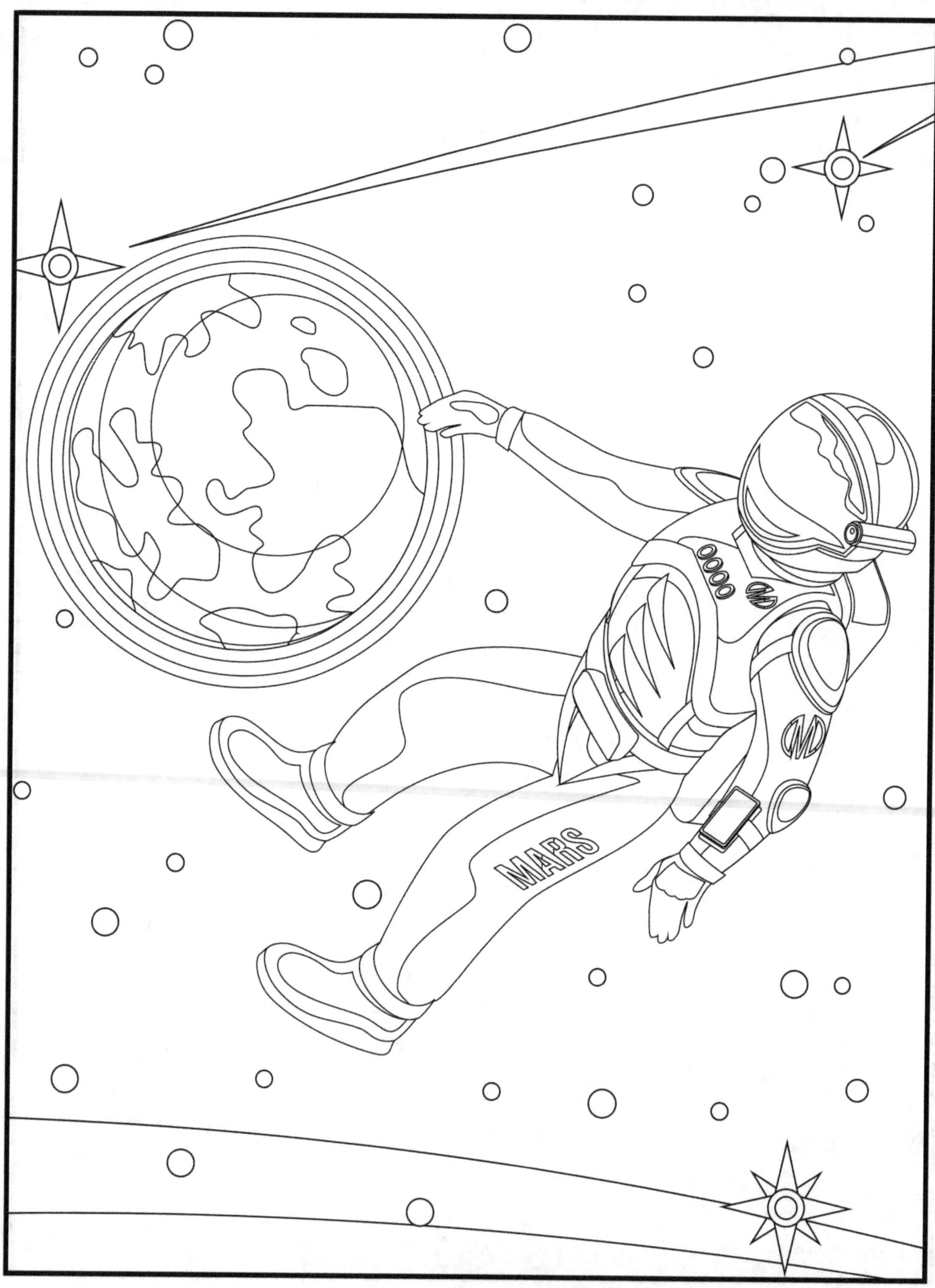

MARS

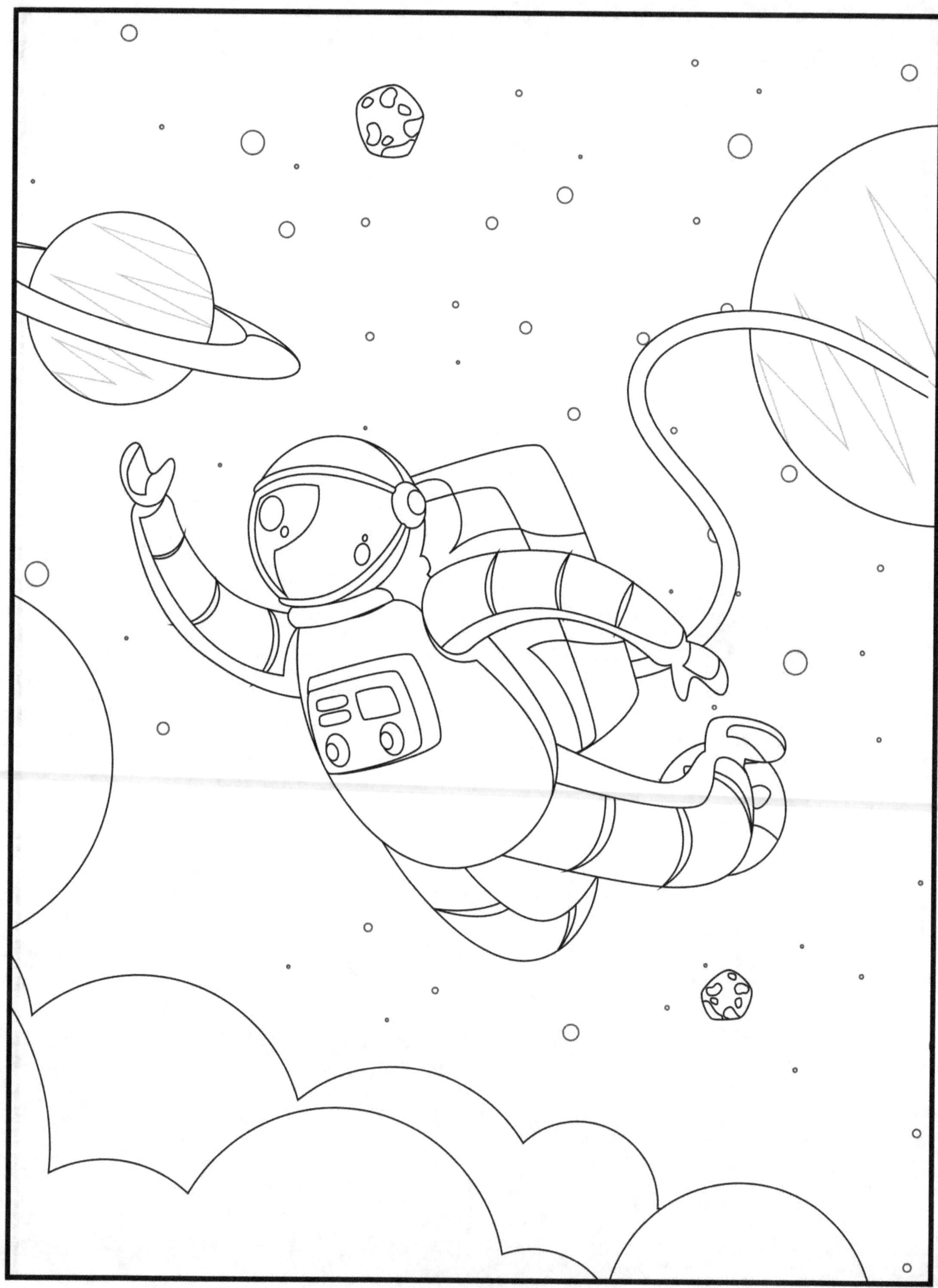

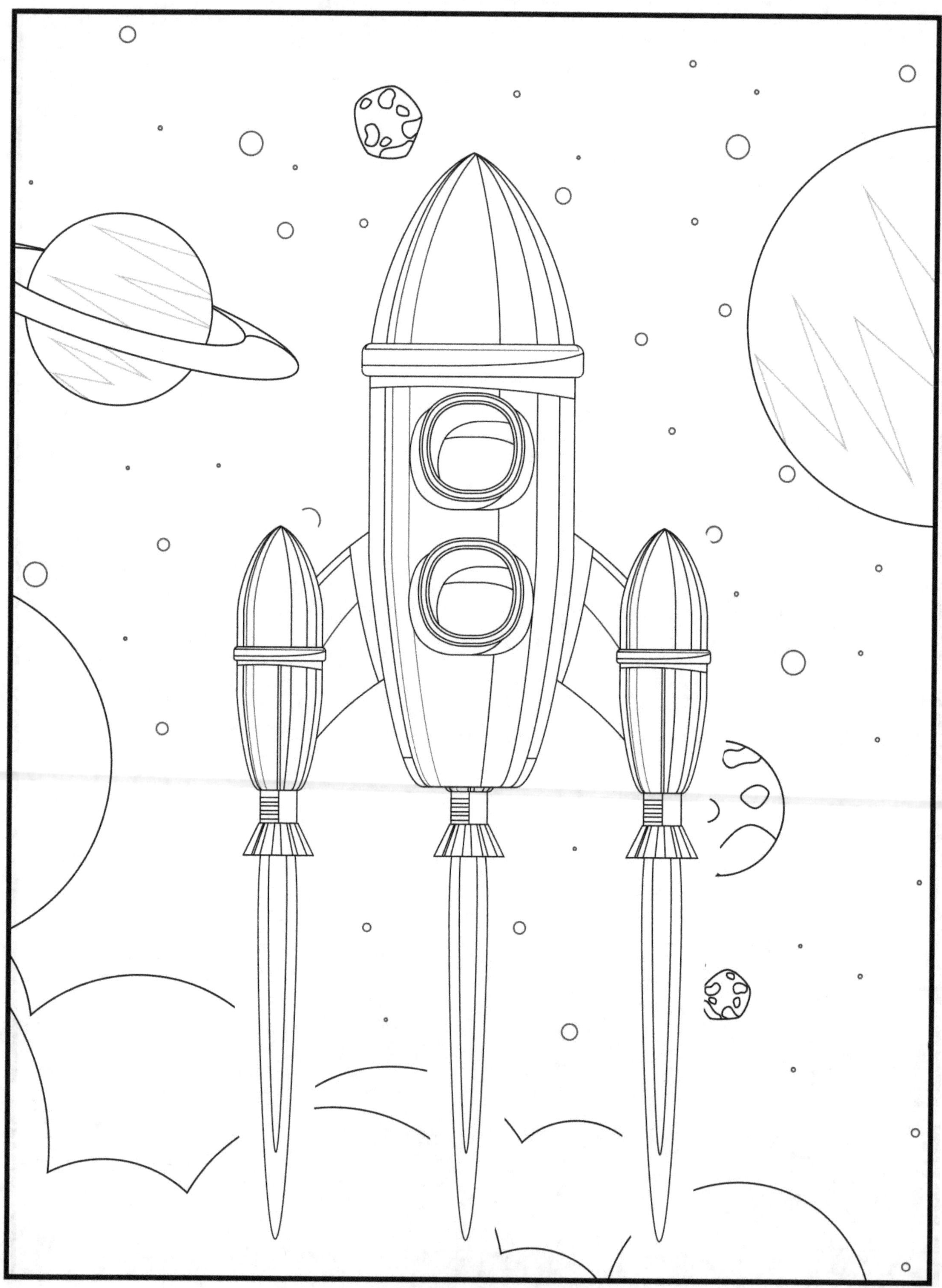

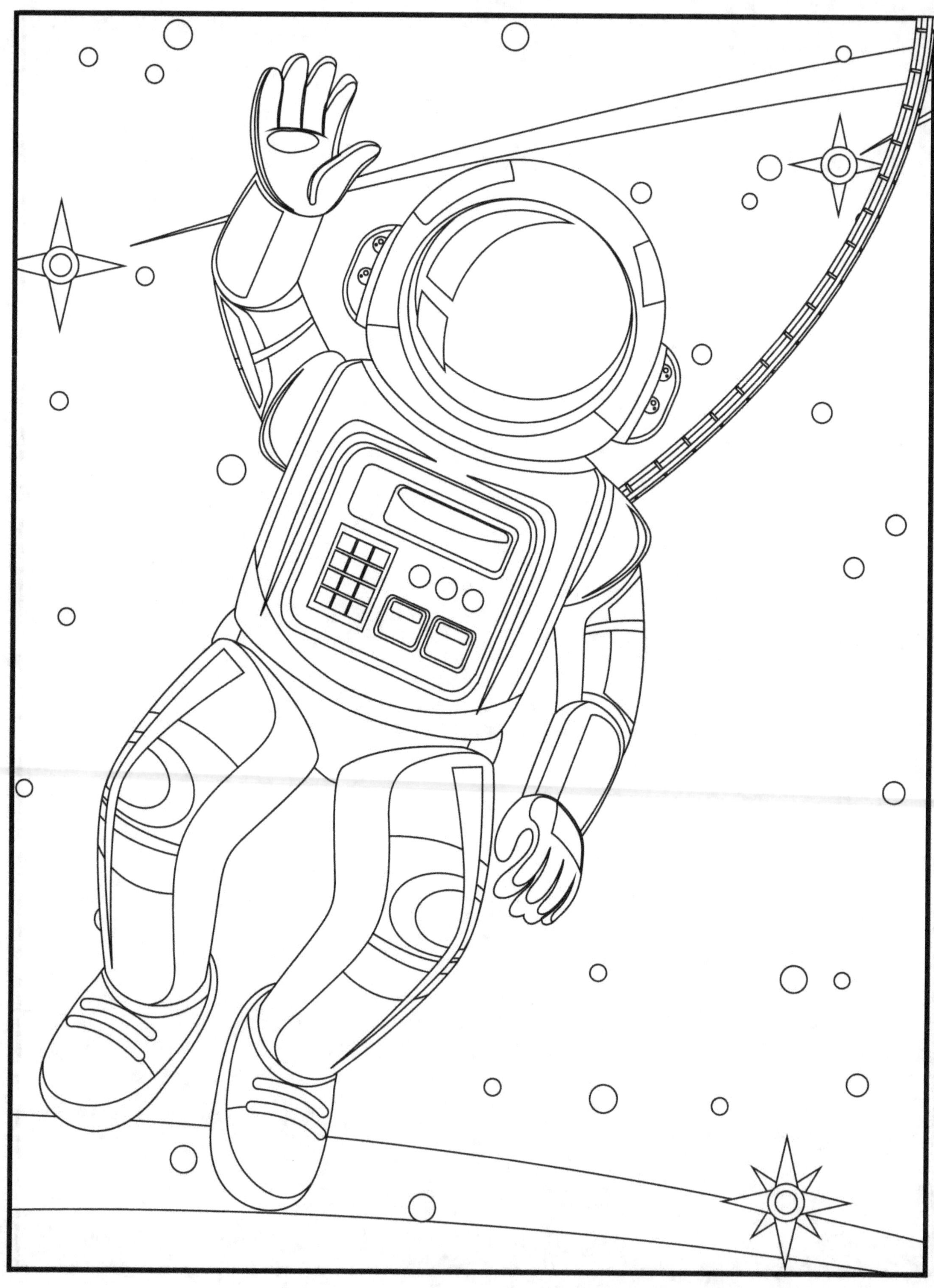

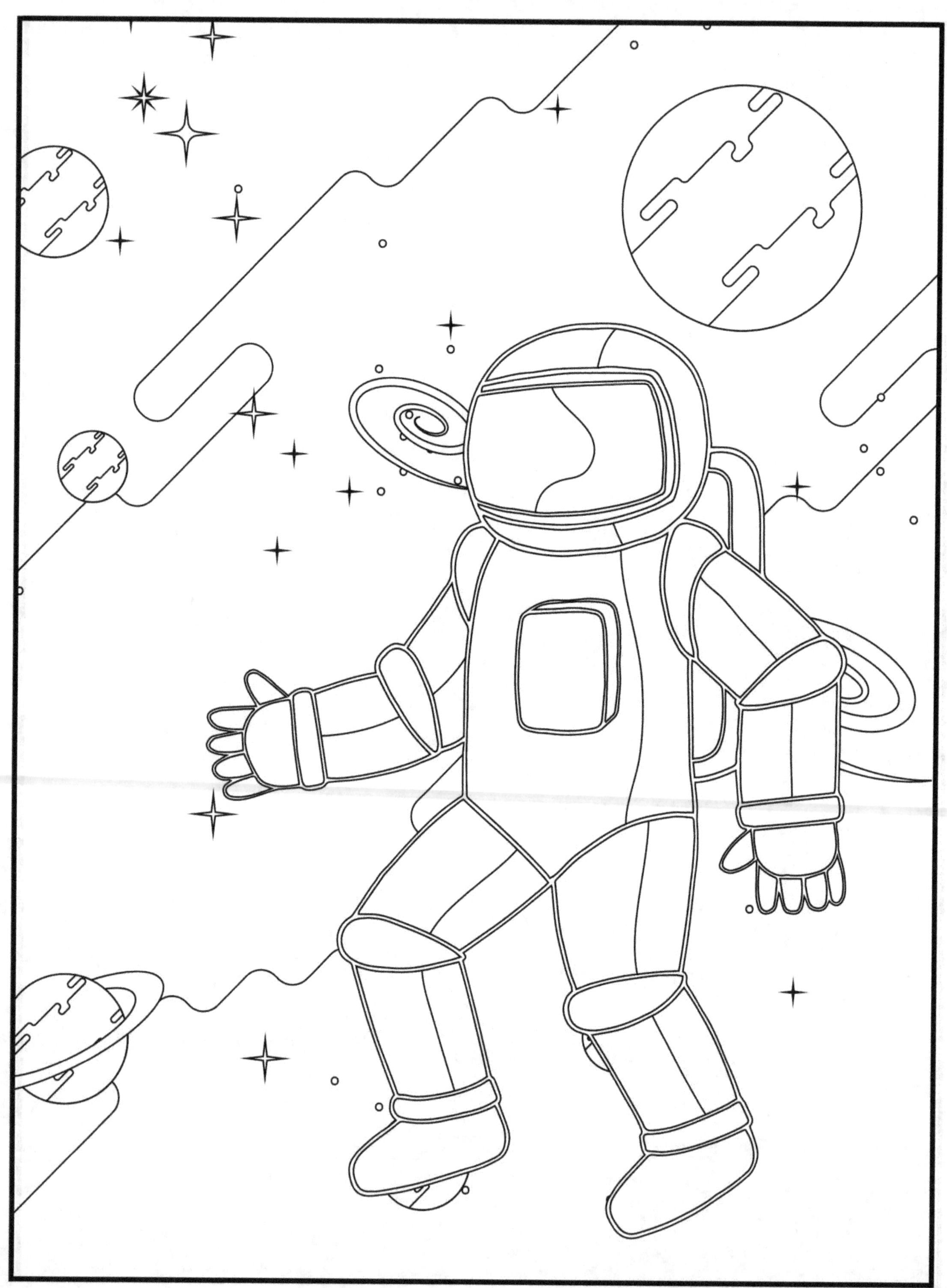

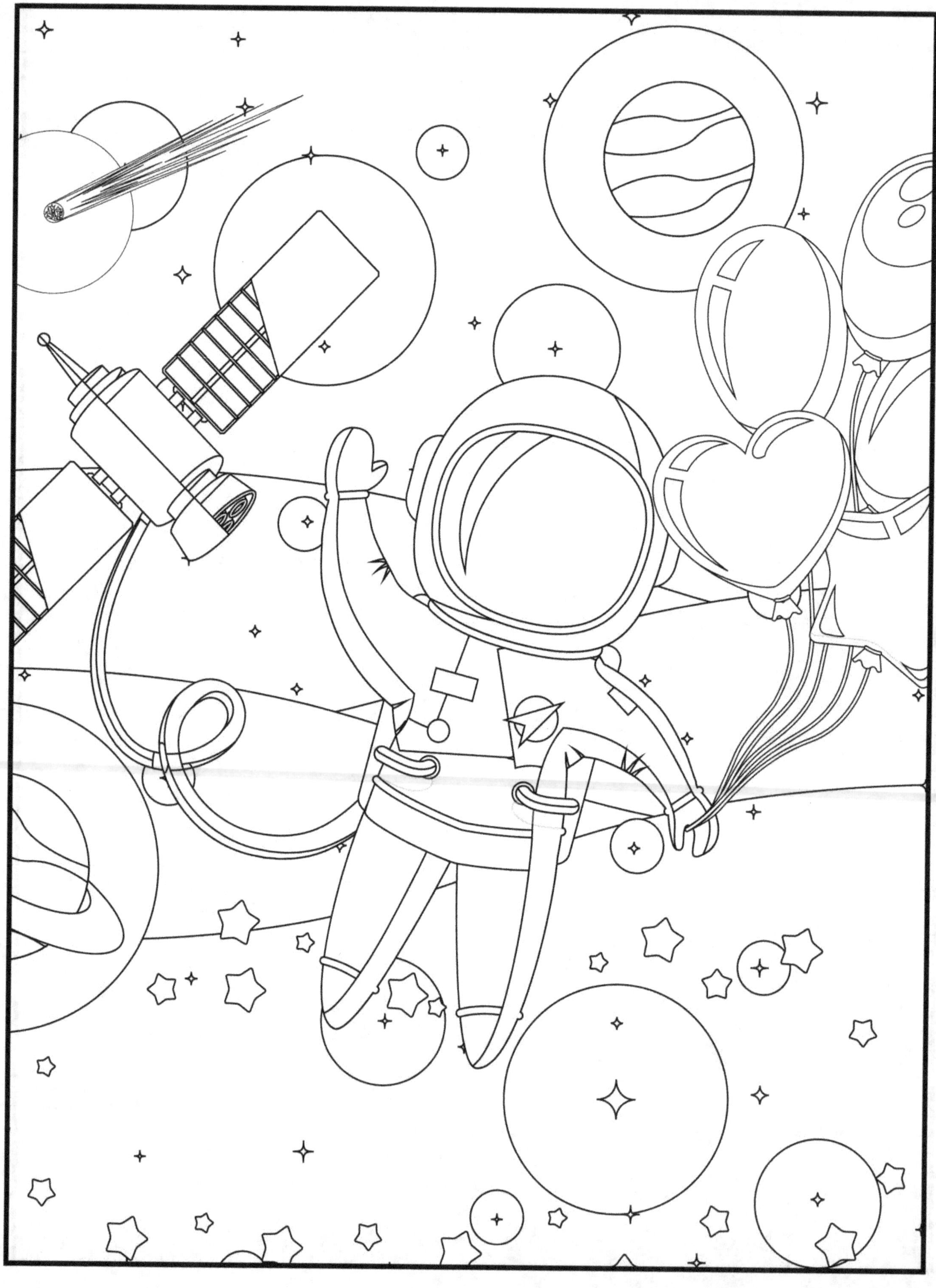

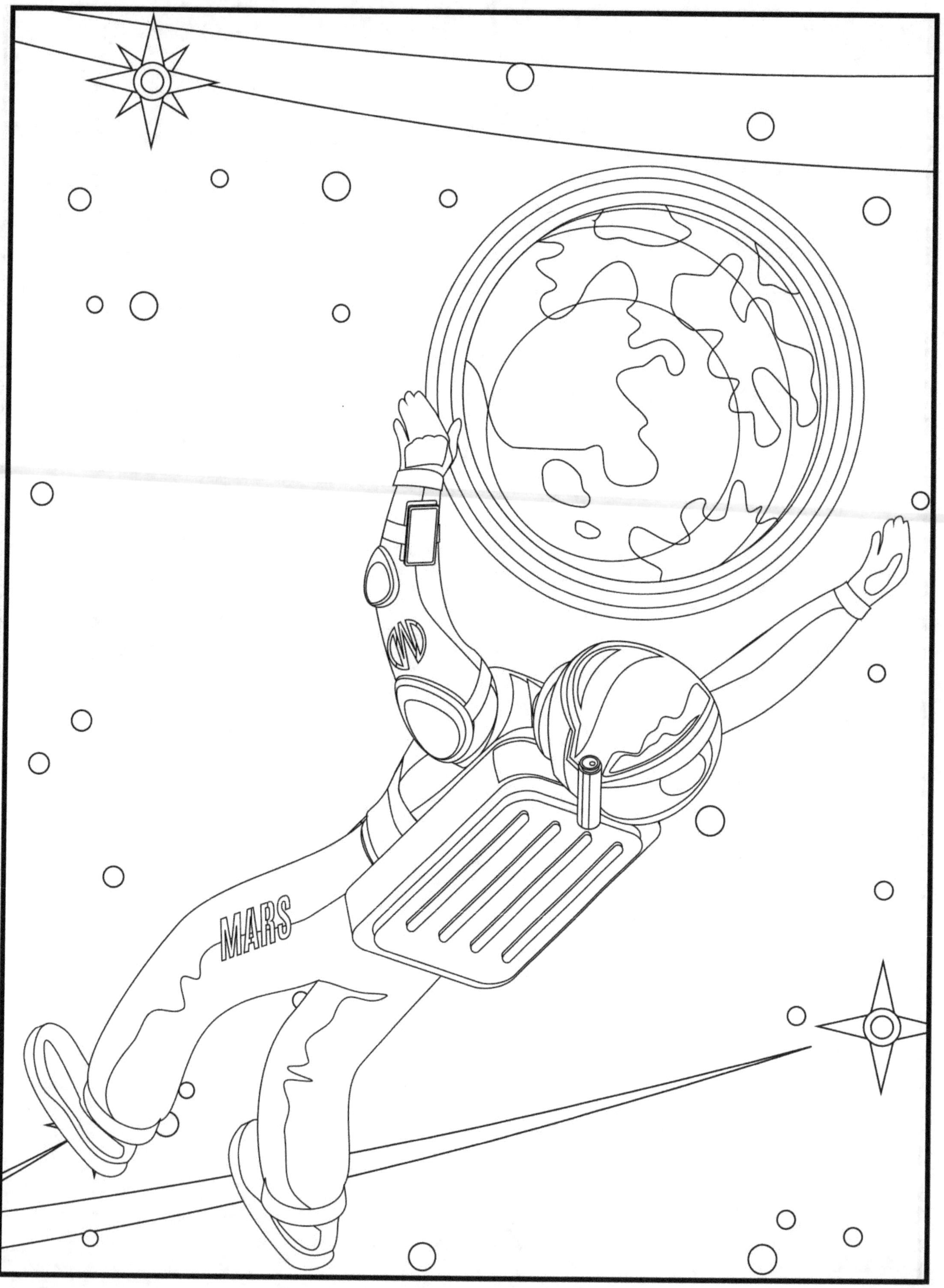
MARS

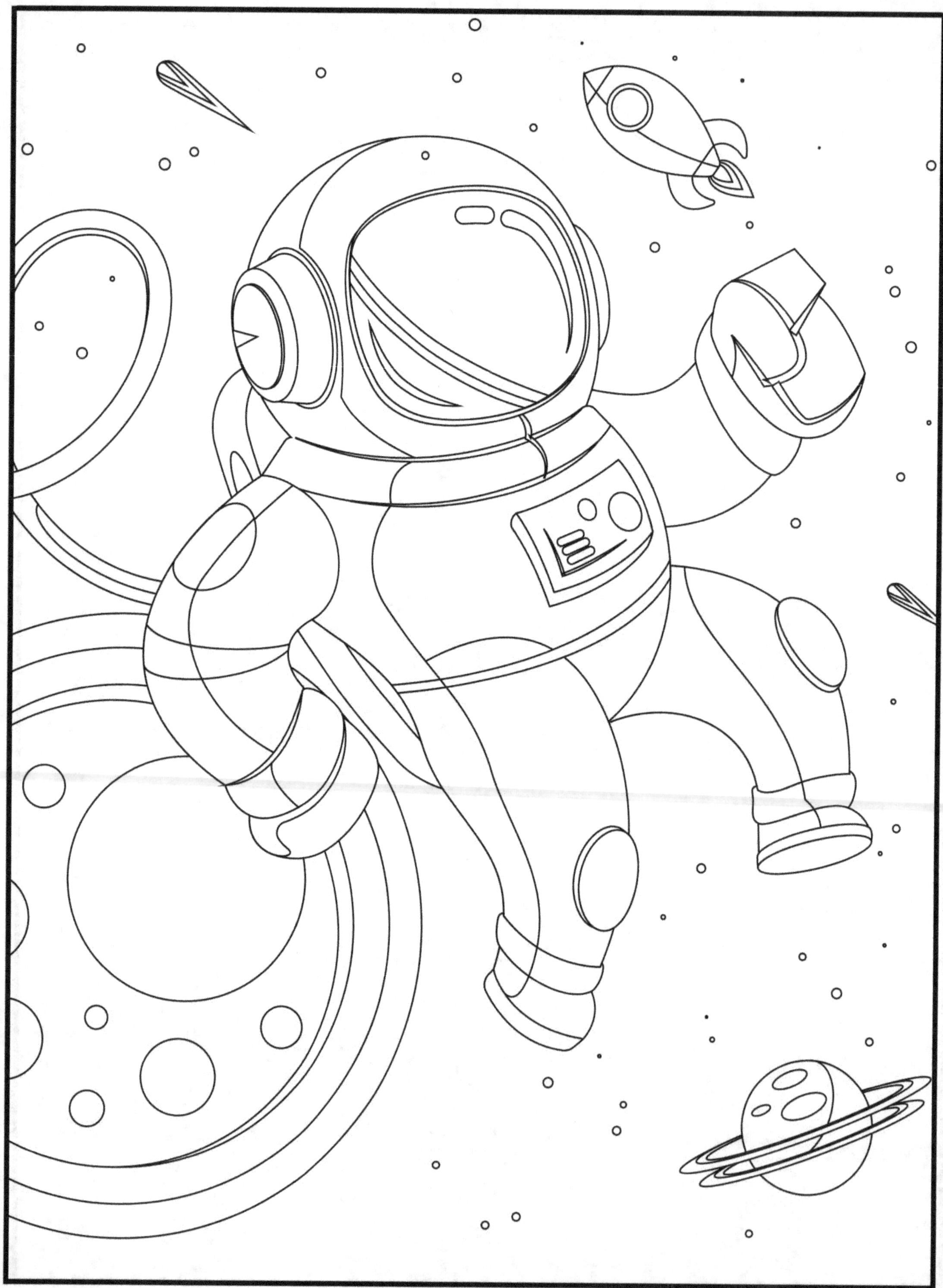

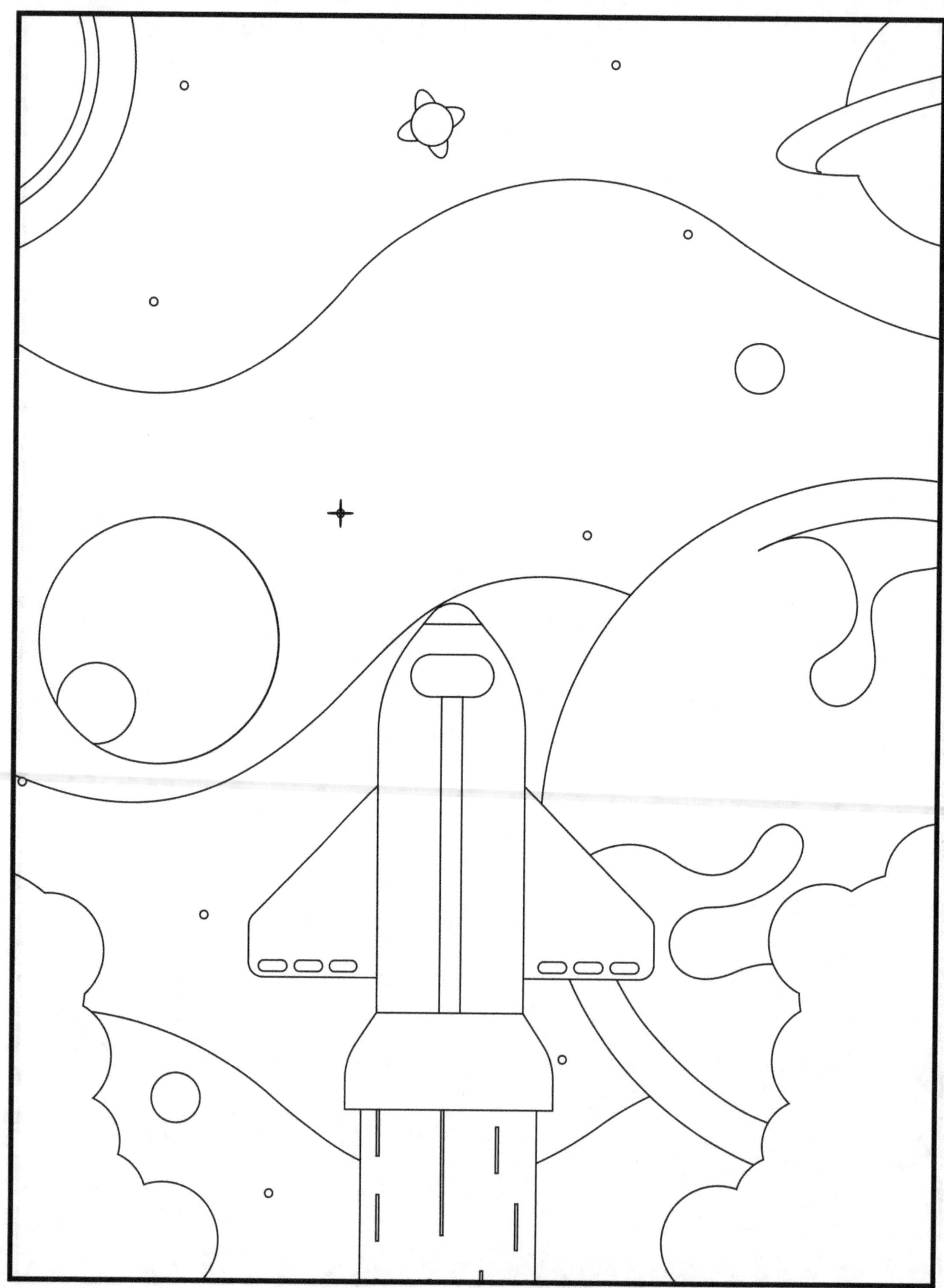

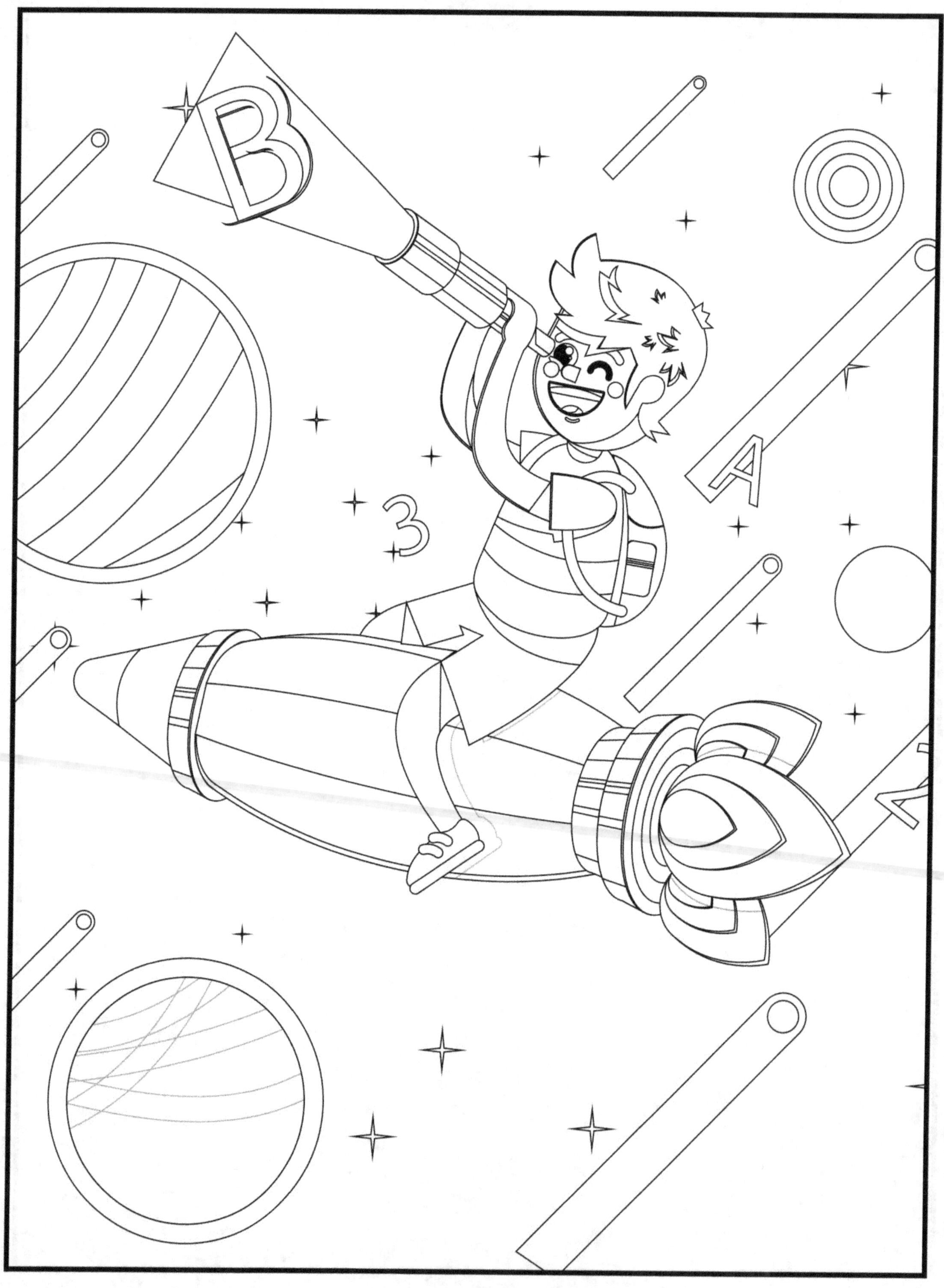